弘法大師が出会った人々

福田亮成
Fukuda Ryosei

山喜房佛書林

目次

小山榮雅

序文

大正大学常任理事　小山榮雅

「歴史」というものは、「事実」を残すが、その反面において、「事実」をかくす索慮も持ち合わせている。

「歴史」の中で、「事実」として残った「事件」にしろ、「人物」にしろ、それは「事実」であったにもかかわらず、いまの世に立ってそれらを見ると、単に「事実」であったということ以外には、我々の存在には、直接的なかかわりを持っては来ない。

「事実」としてのかかわりだけを、いまもって鮮明に持ちつづけているということが、「歴史」なのである。そして、「歴史」という面だけにおいてそれらを首肯すれば、それ以外のことは必要でない、と言うことになるだろう。

しかし、よく考えてみると、「事件」というものは、おそらく、どのようなものであっても、それは、必ず、ナマ臭い、政治的な、悪辣な策謀や、人を計画的に陥れる、不純で複雑な裏切りや、更に、ふんだんに噴き上った血しぶきに染まる、凄惨な情況の内で成立したものであるはずであり、「人物」に至っては、その日常においては、生きていくために適宜な食物をとり、その生活を、格別な嗜好でいろどり、さらには、ささやかながら、固有の趣味によってその心を癒し、それにまた、仔細なことで苛立ったり、喜んだり、悩みを深めたり、そういうことをくり返しながら、その一生を送ったにちがいないのである。

しかし、そういった極く日常的な瑣事は、「歴史」の中では、「事件」や「人物」からは、一切、はぶかれてしまっていることが、多い。はぶかれていると言うより、それは「歴史」が残すべき使命とは、本来は、かかわりのない事象なのかも知れない。

たとえば、空海にしても、勉学のために入唐して、約二年余りを中国で過ごしたあいだに、何を食べて生活していたのかという、やや稚拙ではあるが重要な問題についても、「歴史」は、我々に何一つ教えてはくれない。

中国に滞在したのだから、いまで言うところの「中華料理」を食べていただろうなぞと、もったいぶった想像をめぐらせてみたところで、それは、必ずしも「事実」とはなって来ないのである。そして、奇妙なことに、そういうことをことさらに知ろうとしなくてさえ、我々は、「空海」と言えば、「弘法大師」として、身近にその存在を感じ、頷くことができるであろう。

これは、「歴史」が基本的に持つ、一種の詐術である。空海が中国において「中華料理」を食べたか否かなぞという馬鹿気た探索は、学術的に見れば、取るに足らぬ矮小な問題なのである。しかし、そうは言っても、本当は、そういう日常的なところから探り当てて行かないかぎり、存在としての「空海」の実像は、我々の眼前には、あぶり出ては来ないはずである。

福田亮成氏の『弘法大師が出会った人々』は、そういう、欠落した部分を「歴史」の上から探るゆえに必然的に持たざるを得ない「空海」の実像に、「空海」が実際に交流をした人々の証言を重ね合わせて、着実に探査しようとしたという意味では、ことのほか興味のつきない好著、と言うべきであろう。

はしがき

弘法大師のご生涯を考えてみますと、実に多くの人々との出会いによって色彩られております。そして、大師はその出会いによって確実にご自分の世界を創造していったと云えましょう。

そもそも、一人の人間が生きてゆくということは、他の多くの人々の生涯の一部分をいただいて生きてゆくということではないでしょうか。充実したすばらしい人生は、いかにすばらしい人間との出会いがあったか、と云うことと同じでありましょう。私のような貧弱な人生においても、私にとってかけがえのない人々との出会いがありました。そして、現在の私は、それらの人々のお陰によって無事に生かされております。

弘法大師のご生涯にも、すぐれた人々との出会いがありました。特に、求道の志の強い大師は、積極的な人びととの出会いの意志をたえず堅持していた方であったのであります。そして、その出会った人々を大切にし、その方々のすばらしい世界を着実にご自分の血肉となされた方であったと云うことができましょう。

これから、弘法大師が出会った人々を紹介することによって、私達が弘法大師と出会い、そこから他人《ひと》との出会いを大切にする心を学び、それを自分の生き方の柱にしてゆこうと思います。

(1) 阿《あと》刀《（の）》大足《おおたり》

最初の学問の先生

まず空海が最初に出会った人として、阿刀大足《あとのおおたり》を取上げてみましょう。

このお方について、空海ご自身の記録を紹介いたしますと、空海が最初に著述された『三教指帰』の序文のところで、

余《われ》、年志学《しいがく》（十五歳）にして外氏阿二千石《がいしあじせんせき》文学（禄高が二千石の親王府の文学という職にあった）の舅《きゅう》（母方の伯父）に就いて伏膺《ふくよう》（学問にはげみ）し、鑚仰《さんぎょう》（努力研鑚）す

（『三教指帰』巻上　序）

と述べられております。

さらには、空海の文学の面で独特な詩論を展開した『文鏡秘府論《ぶんきょうひふろん》』においても、

貧道（わたくし）、幼にして表舅（母方の叔父）に就いて頗《すこぶ》る（かなり）藻麗《そうれい》（文章の勉強）を学びき

とありますごとく、空海は母方の叔父であります阿刀大足について、十五歳の時に勉強をはじめておられるのであります。

十五歳の時に本格的な勉強をはじめるということは、当時、唐文化の強い影響化のもとにあった日本の社会の中で普通に行なわれていたことであったようです。有名な孔子の『論語』巻第一、為政第二、のところに、

子の曰わく、吾れ十有五にして学に志《こころざ》す。三十にして立つ。四十にして惑わず。五十にして天命を知る。六十にして耳《みみ》順がう。七十にして心の欲する所に従って、矩《のり》を踰《こ》えず

とあるのが、その典拠であります。この文章は、現代の私達にも通ずることでありましょう。空海は、この『論語』に記されていることがらによって、ご自分の生涯の区切にしていたようであります。このことは、空海だけのことではなく、当時の人々の考え方でもあったのでしょう。

空海が、入唐求法の危険な旅を決心されたのが延暦二十三年（八〇四）五月、まさに三十一歳の時でありました。すなわち〝三十にして立つ〟です。弘仁四年（八一三）二月、空海が四十歳の時に書いた「中壽感興詩并に序」のなかに、次の如くに述べておられる。

覚日（智慧の輝き）は、本より常なり。妄時（迷いが起った時）は、代（かわるがわる）謝す（たえず移りかわる）。撫塵《ぶじん》（少年の日々）は昨《きのう》のごとくなれども不惑（四十歳）は催す。何ぞ忍《しの》びん、日天（年月）矢のごとくに運《めぐ》って人の童顔を奪《うば》う。不分《ねたい》かな（残念だな）、

月殿疾く来って人をして変異《へんい》せしむ。士流（学者）はこの日、強占（主に仕える）し、羅《ら》門《もん》（バラモン＝インド教の修行者）はこの歳、勇進（山林修行に入る）す。俗家にはこれを賀して酒会す。方袍（袈裟を着る僧侶）何事をか是なりとせん（どのような方法でそれを祝ったらよいのであろうか）。如かじ、目を閉じ端座して仏徳を思念せんには。

……略文……

黄葉山野に索きぬ
蒼々として豈《あ》に始終あらんや
嗟余《ああわれ》五八の歳
長夜に円融《えんゆ》を念《おも》う
浮雲何れの処よりか出でたる
本これ浄虚空なり
一心の趣を談ぜんと欲すれば
三曜天中に朗《ほがら》かなり

（『性霊集』巻三）

（秋の紅葉、冬になれば山野に消えなん。青々とした天空は、はてもなし　ああ我れ四十の歳をむかえり、この人生のやがて消えなんとする時、われ全てのものの円融無礙《えんゆむげ》なる風光を悟れり。浮雲のごときはかなき我、いったいどこより生れ出てきたのであろう。それもと清浄なる法界からなり、もしその法界のさまを説こうとするならば、日・月・星の光明が輝きわたっているとしか云えないであろう）

長文の引用になりましたが、空海の四十歳の感懐の言葉であります。まさしく〝四十にして惑わず〟ということでありましょう。

さらに、五十代の空海は、宗教家としてまったく円熟した時代であると云えます。主要な著作の発表もこの時代であったと考えられます。

さて、これらのことは他の機会に詳述することとして、主題であります阿刀大足と、空海のことについて話をもどしたいと思います。

前述したごとく空海が本格的な勉強を始められたのは、十五歳の時であったわけですが、むろんその前にもすでに勉強をはじめていたことが想像されます。そして、生れつき優秀な子供であったわけですから、父母や親戚の人々は、空海に大いなる希望を托したとしても不思議ではありません。幸にも母の兄にあたる阿刀大足というお方は、学者であったのですから当然のこととして、空海（＝幼名・真魚《まお》少年）の教育について相談したことでしょうし、そのための手ほどきを受けたことが考えられます。阿刀大足は、空海の文章中にもありましたごとく、〝二千石文学〟、すなわち禄高二千石の文学という職にあったお方であり、恒武天皇の皇子である伊予親王の侍講《じこう》をつとめられたほどの学者であったわけです。日本仏教には多くの有名な僧侶の方々がおられますが、少年時代に本格的な学者から学問の手ほどきを受けられたのは、空海だけではなかったかと考えられます。

さて、阿刀大足から学んだ内容は何であったでしょう。『続日本後紀』の記すところによれば、「文書を読習す」とあるのみであります。『空海僧都傳』の記事はもう少し詳しく「論語・孝経及び史伝等を受け、兼て文章を学ぶ」とあり、具体的な書名をあげております。これらは、十八歳で上京し大学へ入学するための受験勉強の意味をも含んでいたのであり、さらには当時の知識人の基本的な知識のためのテキストであったのでありましょう。

当時の大学の教科内容は、大経として『礼記』、『春秋左氏伝』。中経として『毛詩（詩経）』、『周礼』、『儀礼』。小経として『周易』、『尚書』が指定されており、ほかに『孝経』、『論語』が必修としてあげられております。そのようなものが阿刀大足のもとでの勉強内容であったことが推定されます。そして、それらをもっぱら暗記することから始められたにちがいありません。そして、十八歳になって大学に入るわけですが、その明経科《めいけいか》に及第し、大学博士岡田牛養に『春秋左氏伝』等、直講味酒浄成に『五経』等を学んだこと、が述べられております。

これらの先生方に学んだ空海は、まったく優秀であったようであります。後に著された『三教指帰』に、この時代の勉強の成果が遺憾なく発揮されております。さらに、文章家・書家としての空海の基礎を作ったことであり、何よりも空海が体系づけられた真言密教の世界をたくみに説き示した力も、少年時代のこれらすぐれた先生方のお陰であったことでありましょう。

さらに、阿刀大足と、空海の関係において注意しなければならないことがあります。阿刀大足は、伊予親王の侍講であったことを前述いたしましたが、その伊予親王は後に母の吉子と共に大和国城上郡川原寺に幽閉されるという事件がおこります。その事件の原因は、藤原仲成が嵯峨天皇の勢力をおさえんとする目的からしくんだ陰謀であったと云われておりますが、結局川原寺に幽閉された伊予親王と母の吉子は、毒薬を飲んで死ぬことで終りを告げることになります。伊予親王の侍講であった阿刀大足は、当然その事件のかたわらにたたずんでいたわけであり、その時、空海は三十四歳であったのであります。このことも、大足と空海の出会いの重要なモメントとなることでしょう。

大学に入って本格的に勉強を始めた空海は、ふとした機会に仏教の世界を知ることになるわけでありますが、大学をやめて出家修行者の群の中に入るについて、一番強く反対したのも阿刀大

足だったようであります。そのことは、『三教指帰』の序文に、

ここに一多の親識《しんしょく》（幾人かの親友知己）あり、我を縛するに五常の索（仁義五常のきずな）をもってし、我を断《ことわ》るに忠孝に乖《そむ》くということをもってす

（『三教指帰』巻上　序）

とあり、文中の〃一多の親識〃の中にむろん阿刀大足もいたにちがいありません。

ともかく、空海がはじめて出会った人としての阿刀大足は、空海に本格的に学問をさずけた先生の一人であったといえましょう。

(2) 一《ひとり》の沙門《しゃもん》　回心の先導者

現在私共が、弘法大師空海を宗祖とあおぎ礼拝することができるのは、名もなき一人の沙門のお陰であると云うことができます。

佛教を若き精神にそそぎ入れた人は、空海の記するところによるならば、〝一《ひとり》の沙門《しゃもん》〟とあります。沙門とは、修行者という意味であり、在野の一修行僧であったことが想像されます。

まず、その様子を空海の文章に見ることにいたしましょう。それは、空海の出家宣言書とも云うべき、最初の著述であります『三教指帰』という書の序文にあります。

余《われ》、年志学《しいがく》（十五歳）にして外氏阿二千石文学《がいしあじせんせき》の舅《きう》（母方の伯方にあたる阿刀大足《あとのおおたり》）に就いて伏膺《ふくよう》（喜び従う）し錯仰《さんぎょう》す。二九（十八歳）にして槐市《くわいし》（大学）に遊聴（遊学）し、雪螢《せっけい》（螢や雪の明り）をなお怠《おこた》るに拉《とりひし》ぎ、縄錐《じょうすい》（縄を首にかけ、股に錐《きり》を刺し）の勤めざるに怒る。ここに一《ひとり》の沙門あり、余に虚空蔵聞持の法を呈《しめ》す。

（『三教指帰』巻上　序）

この文章から、私共は、大師は十五歳になり本格的な勉強をはじめ、十八歳にして大学に入学したことがわかります。そして、猛烈な勉強がはじまったようです。むろん、十五歳以前においても勉強をつづけてこられたのでしょうから、現代におきかえてみますと、高等学校から大学入学の時期にかけての研鑽努力のことを云っているのでしょう。

大学に入った空海は、むろん他の仲間が学業を積んで役人となってゆこうとするように、そのような希望のなかにいたにちがいありません。あるいは、学問の手解《てほど》きをうけた阿刀大足のごとき学者への道も目標としておかれていたとも考えられます。優秀な彼は周囲の多くの人々からも、そのような世界での期待をかけられていたことでしょう。しかし、一人の修行僧との決定的な出合いがあったようであります。さりげなく〝ここに一《ひとり》の沙門あり、余に虚空蔵聞持の法を呈《しめ》す〟と、それを描写しております。沙門とは、梵語のシュラマナ（Sramaṇa）の訳語でありますが、修行につとめる行の人ということであります。すなわち、ある修行僧より「虚空蔵聞持法」を教えられたというのであります。ここに、空海の宗教のもっとも重要な点があるようです。すなわち、まず行からはじめて仏教の世界に入ってゆかれることとなったということです。

宗教とは理屈の世界にとどまるものではないはずです。その人の生き方の中ににじみ出てこそ、宗教というものが出現するものであろうと思います。空海のように人一倍優秀な方が、まず行から佛教の世界にかかわりをもったということは、その点から特に注意が必要です。この姿勢は空海の生涯を貫いていると云うことができます。空海は一見して、膨大《ぼうだい》な著述をのこされておられ、学解の勝った学僧・思想家という印象をうけますが、同時に偉大なる行の人でもありました。云うならば豊かな実践によって裏打ちされた確かな思想家・哲学者であり、逆に云えば思索的・哲学的な実践家とされると思います。

さて、空海に虚空蔵聞持法をさずけた、一人の沙門とはどのような方であったのでありましょうか。空海はその方についての記述をまったくのこしていません。ただ、空海五十五歳の天長五年（八二八）四月十三日の記のある「故贈僧正勤操大徳影《えい》の讃・幷に序」（『性霊集』巻第十所収）という文章の中に、勤操大徳《ごんぞうだいとく》について、「貧道（空海）公（勤操）と蘭膠《らんこう》（交わりがうるわしくかたいこと）なること春秋（多年）すでに久し」。あるいは「吾が師の相貌は凡類に等しけれども、心行は文殊にして志は神のごとし」ともあるごとく勤操大徳とは関係が深く、〝吾が師〟とも云っているぐらいでありますから、一人の沙門とはまさしく勤操大徳のことであると推測する人もいるようです。この説について、もう少しの理由を補うことができます。この両者は、年齢が十六歳ことなること。大徳も若き頃は「閑寂《かんじゃく》を渇慕《かつぼ》して、囂塵《ごうじん》（やかましい所）を厭悪《えんお》す。ついに忘帰（故郷に帰る）の恩を懐いて南獄の窟（泉州の槙尾山）に躋《のぼ》る」人であったこと。さらには、授けられた「虚空蔵聞持法」とは、奈良佛教の中に一つの流派が形成されているということであります。それは、「虚空蔵聞持法」の典拠となる経典は、『虚空蔵菩薩能満諸願最勝心陀羅《こくうぞうぼさつのうまんしょがんさいしょうしんだら》尼求聞持法《にぐもんじほう》』一巻（唐・善無畏《ぜんむい》三蔵訳）ですが、その経典を直接訳された善無畏三蔵から、道慈《どうじ》（——七四四）が伝受され、そして日本に招来され、さらに善謝律師《ぜんしゃりっし》（七二五——八〇四）に伝えられ、勤操へと伝えられているということです。又、勤操大徳が登られた泉州の槙尾山とは、今の河内の槙尾山寺のことであり、空海はこの寺で出家受戒なされたという伝説があること。もう一つは、最近発見され新聞紙上をにぎわした、空海が入唐して帰国直後に朝廷へ提出した『御請来目録』の真筆本が、槙尾山寺から発見されたことから、空海と槙尾山寺の関係が深いものであったことを証明するものであるということ、等があげられます。しかし、このような理由をあげても、若き空海と出合った一人の沙門が、勤操その人であったと云いきれるほどの材料にはなりえないようです。後に書かれた空海伝では、多く勤操大徳をもって、〝一人の沙門〃に当てているのですが、私は定《さだ》かでない方がよいと思います。空海のあまりにも突然な方向転換の矛盾をうめるために、ある資料では、

　初め石淵《いわぶち》の贈僧正の大師（勤操）に逢い、大虚空蔵等并に能満虚空蔵の法呂を受け、心に入れて念持す。後に大学に経遊して直講味酒浄成《ちょっこううまざけのきよなり》に従い、毛・詩・左傳・尚書を読み、左氏・春秋を岡田の博士に問う。経史《けいし》を博覧《はくらん》するも専ら佛経を好む。

というごとく、先に僧との出合いがあって、後に大学に入ったように述べているがごとくであります。このような見解は、空海の突然な方向転換を矛盾とすることに起因していますが、本来、若い時代の人との出合いは、突然であることの方が普通なのではないでしょうか。それも学解の人ではなく、行の実践者であってみればなおさらです。行によって鍛練された精神は、寡黙《かもく》であるはずです。そして、言葉少なに「虚空蔵聞持法」の実修をすすめたのでしょう。

その経に説かく、もし人、法によってこの真言一百万遍を誦《じゅ》すればすなわち一切の教法の文義暗記することを得、と。ここに大聖（仏陀）の誠言《じょうごん》を信じて飛燄《ひえん》を鑽燧《さんすい》に望み（精進努力をおこたらず）、阿国（阿波の国）大滝嶽《たいりょうのたけ》に躋《のぼ》り攀《よ》じ、土州（土佐の国）室戸崎《むろとのさき》に勤念《ごんねん》す。谷響《たにひびき》を惜しまず、明星来影《みょうじょうらいえい》す

（『三教指帰』巻上　序）

とは、「求聞持法」実修の様子と、その結果を端的に記した空海の記録であります。

「虚空蔵聞持法」の実修とは、虚空蔵菩薩の真言を一百万遍誦する（実際は三千遍の場合もある）ということを中心とするもののようであります。「南牟阿迦捨掲婆耶唵阿利迦麼唎慕唎莎縛訶（ナウボアキャシャギャラバオンアリキャマリボリソワカ）」という真言を誦することによって〝一切の教法の文義暗記することを得〟という目的があったようであります。当時の大学の勉

強法は、多く暗記を要求されるものであったわけでありますから、最初はそのための素朴な目的から行ぜられたものかもしれません。

しかし、御自分の出身地である四国の山野において、作法に従って修行している過程で〃谷響を惜しまず、明星来影す〃という境地を体験することになります。この描写は文字通り解すれば、呼べば答える山彦のように必ず響がかえって来る、そしていつものように明星が輝きだした、ということでありましょう。私は、この言葉は、空海のまぎれもない悟りの事実を述べたもののように思えます。全身で自然と一枚となった空海のつぶやきの言葉にちがいありません。

このことは、空海を決定的に仏教に引き入れることとなったようです。四国の地はもともと宗教的雰囲気の強いところであったことが想像されるのでありますが、空海に仏教への契機を与えた一人の沙門も、共に修行をしていた仲間の一人であったのかもしれません。あるいは、その沙門の紹介で多くの修行者の仲間を知ることになったのでありましょうか。後に、空海の手紙をたずさえ遠い旅をした弟子の一団がありましたが、その時以来の仲間達であったのではなかったと想像されます。山野を跋渉《ばっしょう》して修行につとめた空海の姿は、私達が共通してもっているイメージであります。多くの真言宗の寺院の境内におかれている弘法大師像は、修行大師の姿であり、旅から旅へと歩きに歩いている空海こそが、私達の大師信仰の中核でもありましょう。

若き空海の精神に一つの炎をおとした無名の〝一《ひとり》の沙門〟、この方に私はかぎりない感謝の気持を持つものであります。優秀でかつ快活な空海に決定的な影響をあたえた〝一（ひと）りの沙門〟の強固な人格に、私は礼拝をするものです。

空海の生涯において、修行をもって仏教の世界に入ってきたことは決定的であります。高野山開創の大いなる目的は、修禅の道場を建立することでありました。後世、弘法大師の名称が一般的となり、あまりにも大師と尊称される空海和尚の面が強調されていますが、実際の弘法大師は、〝一《ひとり》の沙門〟という自覚をもって行動していたにちがいありません。全国に散在している大師伝説が何よりもの証拠でありましょう。

(3) 藤原《ふじわら》（の）葛野麿《かどのまろ》　入唐の大使

藤原葛野麿《ふじわらかどのまろ》は、第十六次遣唐使の大使であります。空海は、この第十六次の遣唐使船で入唐することができたわけでありますから、空海の生涯において重要な人物の一人であると云えましょう。

空海が入唐のために遣唐使船に乗船したのは、延暦二十三年（八〇四）五月でありますから、三十一歳の頃であります。

第十六次遣唐使船は、大使は藤原葛野麿、副使は石川道益で、延暦二十二年三月に難波《なにわ》を出帆したのでありますが、途中、暴風雨に遭い、船が大破してしまったので、難波に引き返し。翌年の延暦二十三年五月十二日に、再度、難波を出発したのであります。この遣唐使船は四隻で、約六〇〇名ほどの人員であったことが想像されます。四隻の内、第三船は松浦郡庇良島沖で遭難、第四船は不明でありますから、わずかに二隻が中国に到着したわけであります。その第一船に大使の葛野麿と共に空海も乗船していたのであり、第二船には、還学生《げんがくしょう》として伝教大師最澄《でんぎょうだいしさいちょう》が乗船していたのであります。

さて、大使が乗船した第一船は、非常な困難の末に中国にたどりつくわけですが、文字通り生死を共にした仲間が葛野麿であり、空海であったのであります。空海の側にたって考えてみますと、大使という重責《じゅうせき》を担《にな》う葛野麿を補佐《ほさ》する、という立場の空海を思わずにはおれません。実際、中国語をマスターし、かつ文章家であった空海が大活躍することになります。

延暦二十三年五月十二日、難波《なにわ》を出帆し、筑紫《つくし》を発したのが六月、中国の福州の長渓県赤岸《せきがん》鎮《ちん》に着いたのが八月十日でありますから、実に二ケ月あまりの間、漂流していたことになります。その間の様子は、空海自身が次のように描写しております。

すでに本涯《ほんがい》（日本）を辞《じ》して中途《ちゅうと》に及《およ》ぶ比《ころ》に、暴雨帆を穿ち、戕風《しょうふう》（暴風）柁《かじ》を折る。高波漢《かん》（天）に沃《そそ》ぎ、短舟裔裔《えいえい》（波が舞う）たり。凱風《がいふう》（南風）朝《あした》に扇《あお》げば、肝を耽羅《たんら》の狼心（狼のように恐ろしい人々の住む耽羅島に漂着することの心配）に摧《くだ》き、北気（北風）夕《ゆうべ》に発《おこ》れば、膽を留求《りゅうきゅう》（琉球）の虎性に失う。猛風に頻蹙《ひんしゅく》（顔をしかめ）して葬を鼈口《べっこう》（大きな亀の餌食）に待ち、驚汰《けいたい》（はげしい高波）に攅眉《さんび》（眉をひそめて）して宅を鯨腹《げいふく》に占《し》む。浪に随って昇沈し、風に任せて南北す。ただ天水（空と海）の碧色のみを見る。あに山谷の白霧を視んや。波上に掣掣《せいせい》（風にまかせて漂うこと）たること二月有余、水尽《つ》き人疲《つか》れて海長く陸《くが》遠し。虚《そら》を飛ぶに翼《つばさ》脱《ね》け、水を泳ぐに鰭《ひれ》殺《そが》れたるも、何ぞ喻とするに足らんや。

（『性霊集』第五）

というのが、それです。

この文は、遣唐使船が延暦二十三年八月十日に赤岸鎮に着き、廻船して十月三日に福州に到って、観察使の閻済美《えんさいび》宛に提出した書状の一文で、大使にかわって空海が代筆したものであります。

前掲のように実に立派な文章であったわけでありますから、観察使の閻済美の心を強く動かしたことが想像されます。空海の文章が功をそうしたわけです。波涛《はとう》をこえて大唐への航海は、まったく生命をかけた大冒険であり、困難が大きければ大きいほど、両者の心の結びつきは強いものとなったにちがいありません。

大使である葛野麿は、太政官右大弁正三品《だじょうかんうだいべんしょうさんみ》兼行越前国《えちぜんくに》の太守《たいしゅ》、と云われるのですから高官であったわけで、さらに遣唐使の大使として派遣された人ですから、むろん中国語をマスターしていたでしょうし、立派な文章を作ることができたにちがいありません。空海の力は、それをもはるかにこえたものであったのでしょう。

空海は、遣唐使船の通訳として乗船したのではなかろうか、という意見がありますが、どうでしょうか。

空海の代筆は、入唐中に葛野麿が渤海国《ぼっかいこく》の王子と会い、再会を約したが実現しなかった悔みを述べた書簡もあります。

実に、空海と葛野麿との出会いは、第十六次遣唐使の同行者としてのそれであり、葛野麿は四十九歳、空海は三十一歳の時であったことを、あらためて注目しておきたいと思います。大使の葛野麿の帰国したのは、延暦二十四年（八〇五）の六月、空海が帰国したのは、大同元年（八〇六）の八月のことでありました。

空海が四十歳の弘仁四年十月二十五日の折、葛野麿は入唐の荒れ狂う船中において「即ち祈願すらく、一百八十七所の天神地祇等の奉為《おんため》に金剛般若経を神毎に一巻を写し奉らんと」、と発願したのでありましたが、この時に「以て写し奉って供養す。竝に巻毎を一遍転諷《てんふう》す」とあるように、葛野麿は帰国後七年にして、一百八十七巻の金剛般若経を写経し、一百八十七回にわたる転諷を完了したようであります。そのための願文をも空海が起草しているのでありますが、葛野麿の発願《ほつがん》と、金剛般若経《こんごうはんにゃきょう》の写経・転諷は、空海の指導によるものであったことが想像されます。逆に云うならば、空海の守護者《しゅごしゃ》としての葛野麿の存在をことさらに認識する必要があるように思われます。

さらに、『性霊集』巻六には、「藤大使中納言、亡児のために斎《さい》を設くる願文」、「藤大使亡児のための願文」がおさめられております。

この二つの願文から、葛野麿の子供の周忌の法要を空海は依頼されたようであります。

顧み念えば、亡子官位、心は負米《ぶべい》に淳《あつ》く、業、締構《ていこう》に茂し、（亡くなった子、官職位階は略するが、心は孝養に厚く、行いはよく父のあとをついで、ますます栄えさせた）……このゆえに敬んで亡息の周忌の為に、聊か法莚《ほうえん》を設けて三尊を礼供す（法会を設けて仏・法・僧の三宝を礼拝供養する）。

（『性霊集』巻第六）

とありますように、葛野麿は息子の一人を亡くしたようであり、それも大分生長した息子であったようです。葛野麿の息子といえば、第十七次遣唐使の大使は、葛野麿の第七子といわれる藤原常嗣《つねつぐ》であり、当時参議・右大弁という要職にあったとされ、願文にある亡息とは、その兄弟の一人であったのであろうかと思われます。常嗣《つねつぐ》は、父が唐から帰着した時は十歳であり、その三十年後に遣唐大使として任命されたのでありますから、常嗣と、空海とも当然のこと交渉があったことが考えられます。実際、この第十七次遣唐使の中に、空海の法門を受けつぐ僧の真済《しんぜい》・真然《しんねん》の二名が請益僧・留学僧として加わることになっていたことは注意すべきでありましょう。しかし、この二名の渡航は失敗に終り、第三船の生き残りの二十八人の中にかろうじてとどまることができたのであります。かわりに元興寺の僧円行《えんぎょう》が、実恵《じちえ》大徳によって推薦《すいせん》されることになったのでありますが、このことは別の機会にのべることにしましょう。

以上のようなことから、第十六次・第十七次の遣唐大使の藤原葛野麿・藤原常嗣の父子と、空海とその直弟子との緊密な関係を思うべきでありましょう。

常嗣は、入唐して天台僧円仁《えんにん》の天台山巡礼実現のために非常に心をくだいたことは、『入唐《にっとう》求法巡礼行記《ぐほうじゅんれいぎょうき》』にくわしく記されており、葛野麿・常嗣の父子の平安仏教における重要性を指摘しておきたいと思います。

さて、遣唐大使藤原葛野麿は、弘仁九年（八一八）十一月十日、六十四歳で没した時、空海は四十五歳でありましたが、その後、弘仁十二年九月七日に三周忌を迎えて、「理趣会十七尊曼荼羅一鋪」を図画し、「理趣経一巻」を書写し、追福を祈っております。『性霊集』巻第七の「故の藤中納言のために十七尊の像を造り奉る願文」によって、それを知ることができます。

「大楽不空《だいらくふくう》十七尊の曼荼羅《まんだら》」とは、『理趣経《りしゅきょう》』という経典に説かれている十七からなる菩薩を各々位置させたマンダラであります。そして、そのマンダラについて、文中に、

終に臨んで余に一の紫綾《しりょう》の文服を遺《おく》れり。衣を覩て珠落《なんだ》ち、人を思うて鯁生《こうせい》す。今思わく廻《え》して功徳を作して彼の逝者に報ぜんことを。

謹んで弘仁十二年九月七日をもって綾服を地とし、金銀を絲として、十七尊の曼荼羅一鋪三幅を図し奉る

とありますように、葛野麿の遺物として賜わった紫色の、あや紋様のある服を生地として、金銀のぬい糸でできたマンダラであったようです。さぞかし美しいものであったことでしょう。

この願文のなかでも、入唐時のさまを

暴風柂《かじ》を折るの難、狂汰船を破るの危《あやぶみ》、三江に鷁《げき》(大きな水鳥)を泛《うか》べ、五嶺《ごりょう》に騏《き》(馬)を馳す

(『性霊集』第七)

というごとく、葛野麿との一体感を強調しております。

実に、生涯にわたる友好の心で、この両者は結ばれていたにちがいありません。

(4) 永《よう》忠《ちゅう》和《わ》尚《じょう》 唐土の先輩日本僧

永忠《ようちゅう》和尚と、空海が最初に出会ったのは、唐の長安であったようです。

空棐去《い》んじ延暦廿三年季夏の月、入唐の大使藤原朝臣《あそん》に随って同じく第一船に上りて咸陽（唐国）に発赴す。その年八月福州に到り、着岸す。十二月下旬長安城に到る。宣陽坊の官宅に安置す。廿四年仲春十一日、大使等、執《ながえ》を本朝に旋《めぐら》す。ただ空棐のみ孑然《けつぜん》として勅に准じて西明寺の永忠和尚の故院に留住す。

とあるのは、『御請来目録』にある文であります。

入唐をはたした空海は、大使藤原葛野麿等の一行と、旅を重ねて十二月下旬に長安城に到着したようであり、そして大使一行はその翌年の仲春十一日には帰国の途についております。どうやら、この二人が出合ったのは、正確に言うならば、延暦廿三年十二月下旬から、翌年の仲春十一日の間に、長安城中においてであったようであります。

永忠和尚は、すでに宝亀初年（七七〇）に入唐し、三十年も長安に生活していたのでありますから、空海はこの方から多くのニュースを与えられたにちがいありません。

永忠和尚については、『元亨釈書』第十六、『本朝高僧伝』第六十七などに記されております。それによれば、宝亀元年（七七〇）に入唐したとありますが、どうやらそれは私船で渡ったもののようです。第十四次遣唐使船は、宝亀八年（七七七）六月に出発し、九年十月に帰国。第十五次遣唐使船は、宝亀一〇年（七七九）五月に出発し、天応元年（七八一）六月に帰国しております。それ以前の第十二次・第十三次はいずれも中止になっているのでありますから、宝亀元年入唐の可能性は私船であったと考えるよりありません。

さて、永忠和尚は、弘仁七年（八一六）に七十五歳で遷化されたとされますから、生れは天平十五年（七四三）、入唐時を宝亀元年とすれば、二十七歳。そして三十年経過して五十七歳の延暦二十四年に帰国したことになり、唐土において空海と出会った時は、五十六歳の冬から五十七歳の春であったことが想像されます。滞唐三十年のキャリヤの持主である永忠和尚から長安城のこと、当時の政界、宗教界、文学者や芸術家達のことまで、あるいは仏教研究の内容、サンスクリット語、特に当時の長安において人々の尊崇をうけていた密教の阿闍梨、恵果和尚のことまで聞くことができたにちがいありません。そして、帰国することにともなってあけわたされる西明寺の一室も、空海に引きつがれることになったのでありましょう。

私は、空海が長安において永忠和尚と出会ったことを大変重要なことと考えます。この唐土での出会いが、空海帰国後の交流となり、奈良仏教の代表的存在である永忠和尚との交流は、奈良仏教と真言宗との円滑なる関係に大きな窓口となったにちがいありません。

このことは、後にまわすとして、今は、唐土における両者の出会いが、空海をして永忠和尚の故院に住することとなったことのみを注意しておきましょう。

さて、その西明寺というお寺は、当時、わが国からいった留学生のほとんどが止宿していたのでありますから、留学生会館のようなところであったようです。そして、そこを根城として城中の名徳を訪問し、

空海、西明寺の志明・談勝法師等五六人と同じく往いて和尚に見《まみ》ゆ。

（『御請来目録』）

とあるごとく、恵果和尚に遇うことになるのであります。この文でもわかりますように、空海一人ではなく、志明や談勝法師等の五・六人の留学生と共に行動しているのであり、当然共に西明寺に止宿していた仲間達であったと考えられます。

しかし、それら仲間の志明・談勝法師等の五・六人の様子については、他に記録がありませんので不明であります。

さて、空海は入唐より帰国して、永忠和尚に再会したはずです。和尚は、近江の梵釈寺に住し

ていたようです。『性霊集』第九には、「永忠和尚少僧都を辞する表」、「永忠僧都少僧都を辞する表の勅答・一首」との二種がのこされており、これによって、帰国後の空海と永忠和尚との交流を知ることができるでありましょう。

まず、最初の文は、嵯峨天皇が永忠和尚を少僧都に任じ、僧綱の位班に列したことに対し、その少僧都の辞任の願いを空海が代書したものであります。この文中に、永忠和尚自身を知る記述がありますので、あげてみましょう。

沙門永忠謹んで言《もう》す。去《い》じ弘仁元年（八一〇）九月十七日の詔書に永忠をもって少僧都となせり。寵命《ちょうめい》天よりす（寵愛深きご命令が天皇から下されました）。すなわち感惕《かんてき》（感激し恐縮し）を懐《いだ》いて誠惶誠恐《せいこうせいきょう》（おそれいります）す。永忠抂《ま》げて程粮《ていろう》（特別の御仁慈をもって）を費して実《まこと》に非才を慚《は》ず。歴任登用（大法師から律師を経ずに少僧都に任用された）事、濫吹《らんすい》（才能がないのに俸禄をうけること）に同じ。況んや如今《いま》行年七十、筋骨劣弱にして窮途《きゅうと》（死期の近づいたこと）まさに迫《せま》りなんとす。残魂余喘《ざんきょよぜん》（余命いくばくもない）よく幾《いくば》くの時をか得ん。すなわち僧綱《そうごう》（官職）の綱紀を弛《ゆる》（職責を完うすることができない）し、また統理の師表（すべおさめ、人の手本となること）を闕《か》きてん。伏して願うらくは、足《た》ることを知って罷《ま》げ帰り（職を辞す）、静坐して仏を念じてもって国恩を報ぜん。下情に任《た》えず（真実の願い）。謹みて闕《けっ》（宮中）に詣うでて進表以聞（天皇に奏上する）す。誠惶誠恐。

某の年某の月日

（『性霊集』第九）

と、あるのがそれです。永忠和尚が、僧綱という官職につくことの命令に対し、それを辞退するための上表文の作製を空海に依頼されたもののようです。

この文は、その年時を明確にしてはおりませんが、文中に、弘仁元年九月十七日の記と、行年七十、とあるところから、弘仁二年九月十七日ということが推察されます。

この手紙の返書である「勅答」は、弘仁年中正月四日の記があり、翌年の正月四日とすることができます。この時、空海は帰国して四年が経過しており、三十八歳の時であったようです。

永忠和尚はまさしく南都系の学者、それも三論宗の人であったようです。空海も入唐以前に三論宗と近縁があったとされますので、唐土での出会いが、帰国後も緊密な関係となり、上表文の依頼ということにまで発展したのでありましょう。

空海は、上表文や勅答の代筆をしている事実が、この他にも指摘できます。例えば、有名な鑑真和尚の高弟である如宝について、唐招提寺に封戸五十烟を施入せられた時に、その奉謝の代筆

をしており、さらには、興福寺の高僧、玄賓《げんぴん》僧都に対する勅書の代筆もしているがごときであります。それは、

賓公に勅す。形《かたち》（身）、山水に静かなり。神（たましい・心）、煙霞に王たり（俗世間をはなれている）。春の花、錦を織る、これにむかって情（こころ）を陶《とう》す。秋の葉は帷《い》を散ず、これを見て帰ることを忘る。緇素《しそ》（僧侶と俗人）を求むるに卓爾《たくじ》（一人ぬきんでて）として群せず。此来《このごろ》、時、玄冬を逼《せま》り、序、縞雪《こうせつ》を凝《こ》らす（白雪が降る季節となりました）。彼の禅居《ぜんきょ》（禅定を修する住居）を想うて実に迺懐《たいかい》（苦労）を労す。今、故《ことさら》に存問す（安否をたずねる）。兼ねて附けて、綿五十屯《とん》、布卅端《たん》を送饋《そうき》（送り贈る）す。至らば宜しくこれを領せよ（受けとられよ）。

（『性霊集』第九）

と、あるものです。

この玄賓という方は、三輪山に住し、大僧都に任ぜられたが辞退し、中国地方を巡錫し、隠逸を好んだ方であったとされております。

さて、永忠和尚の少僧都を辞する表を代筆した空海は、五十一歳の天長元年（八二四）四月六日に、「少僧都を辞する表」をもって、同じように少僧都の辞意をもらしております。

沙門空海言《もう》す。去し月の十七日、面《まのあた》り進止（天皇の勅書）を奉《たまわ》って空海を少僧都に任ず。殊私《しゅし》（私一人が特別に厚く待遇され）曲げて被らしめて忻悚《きんしょう》（任官のよろこびとおそれ）交《こもごも》并《あわ》せたり。空海、誠歓誠懼《せいかんせいく》す（よろこびかつ恐れる）。……………空海弱冠（二十歳）より知命（五十歳）におよぶまで、山藪《さんそう》を宅《いえ》とし、禅黙《ぜんもく》（禅定を修する）を心とす。人事を経ず（世の中の事には経験がなく）、煩砕《はんさい》（わずらわしさ）に耐《た》えず。しかるに今、斗筲《としょう》（米を入れる小さな器で、小さな器量の人）の才をもって謬って法綱（僧綱の職）に処《お》り、鉛刀の質をもって叨《みだ》りに僧統に居らば、必ず手を傷《やぶ》るの謗りを致して遂に二利（私自身のためにも、他の人のためにも）の益なからん。あにしかんや、香を焼き、仏を念じて形を一室に老い、華を散じ、経を講じて心を三密に運《めぐら》し、国恩を枯木（老体）に報じ、冒地《ぼうじ》（さとり）を死灰に（死灰のような寂静なる境地）求めんには。これをもって政（目的）とせば、それ奚《なに》をか為《しわざ》とせん（それ以外に何を求めることがあるのであろうか）。

（『性霊集』第四）

と、あるのがそれです。

ここに開陳されている空海の心中は、真実なものであったにちがいありません。永忠和尚の心中と共通なものがあったのでありましょう。修行者空海という場面で、南都の高僧達と特別な交流のあったことが、この永忠和尚との関係を通して知ることができるのであります。

唐土で初めて出会い、その方の住居を使わせていただき、帰国後の両者の交流も緊密でありましたが、伝教大師最澄が南都仏教と敵対関係であったことに比べて、空海はつとめて友好関係を堅持することができたのは、永忠和尚との関係もその一つのつなぎであったにちがいありません。

(5) 恵《けい》果《か》和《わ》尚《じょう》　密教の大阿闍梨

弘法大師が出会った多くの人のうち最大の人が、この恵果和尚（七四六〜八〇五）でありましょう。それは、密教の教えを授けてくれた師であるからです。そして、それによって大師は完全に悟りの人となったからです。その出会いのいきさつを、大師は次のように語っております。

空棐去《い》んし延暦廿三年（八〇五）季夏の月、入唐の大使藤原朝臣《あそん》（遣唐大使藤原葛野麿）に随って同じく第一船に上りて咸陽（大唐国）に発赴す。その年八月福州に到り、着岸す。十二月下旬長安城に到る。宣陽坊の官宅に安置す。廿四年仲春十一日、大使等、轅《ながえ》を本朝に旋《めぐら》す（帰国す）。ただ空棐のみ孑然《けつぜん》（ただ一人）として勅に准じて西明等の永忠《ようちゅう》和尚の故院に留住す。

ここにおいて城中を歴て名徳を訪うに、偶然《ぐうぜん》にして青龍寺東塔院《しょうりゅうじとうとういん》の和尚、法の諱《いみな》は恵果《けいか》阿闍梨《あじゃり》に遇《あ》い奉る。

（『御請来目録』）

というのがそれです。そして、その後に、

空棄、西明寺の志明・談勝法師等五六人と同じく往いて和尚に見《まみ》ゆ

と、述べております。

ここで注意しておきたいことは、〃偶然にして……遇い奉る〃という言葉です。偶然とは、たまたまそうであること、思いもよらないこと、意外ということでしょう。偶然に恵果和尚との出会いをとげた、ということは、考えてみる必要があると思います。長安の都での空海の行動をおってみますと、長安城に到ったのが十二月下旬、翌年仲春十一日には大使一行は帰国の途につき、空海は永忠和尚の住んでいた西明寺に居を残したことは明らかであります。そして、恵果和尚との出会いをとげ、

すなわち本院に帰り、供具を営辦（用意）して、六月上旬に学法灌頂壇に入る

（『御請来目録』）

とあるところより、本院、即ち西明寺に帰り準備をととのえ、六月上旬に灌頂を受けたのでありますから、その準備を一ヶ月考えますと、それ以前の、三月か四月かのある日に出会ったということになるでしょう。志明・談勝等五六人と共に和尚に出会ったことが記されておりますから、名徳を尋ねて長安の都を歩きまわっていたのでしょう。このことにつき、別なところでは、次のように語っております。

入唐学法の沙門空棄言す。空棄去《い》んじ延暦廿三年をもって、命を留学の末に銜《ふく》んで（命令されて）、津（港）を万里の外に問う。その年の臘月《ろうげつ》（十二月）長安に到ることを得たり。廿四年二月十日、勅に准じて西明寺に配住す。ここにすなわち諸寺に周遊して師依（依るべき師）を訪い択ぶに、幸に青龍寺の灌頂阿闍梨、法の号《いみな》恵果和尚に遇うてもって師主となす。

とあるのがそれです。〃諸寺に周遊して師依を訪い択ぶ〃と、その長安の都を、仲間と共に歩き回っていた様子がよくわかります。

しかも、初対面の空海にむかって、笑みを含み、歓喜のおもちで、

我れ先より汝が来ることを知りて相待つこと久し。今日相見ること大に好《よ》し、大に好し。報命（寿命）竭《つ》きなんと欲すれども、付法に人なし。必ず須らく速かに香花を辨じて灌頂壇《かんじょうだん》に入るべし。

（『御請来目録』）

と云ったとあります。まことに劇的な出会いであると申せましょう。もう、寿命も尽きようとしている恵果和尚と会い、その和尚が、

いまこの土の縁尽きぬ、久しく住すること能わじ。……わづかに汝が来れるを見て、命の足らざることを恐れぬ。

ということき、まことにきわどい状況下の、奇跡的な出会いであったことは、法を受け取る側も、法を授ける側も、まったく真剣なものであったことが想像できます。

このような出会いの結果、六月上旬・七月上旬・八月上旬と、まず密教を学び弟子となるための学法灌頂《がくほうかんじょう》、あるいは、五智といわれる大日如来の宝冠を授かることによって、大マンダラ上の諸尊の徳にあずかる五部灌頂《ごぶかんじょう》、さらには、密教の大法を伝受して阿闍梨の位を紹《つ》ぐための伝法灌頂と、矢継ぎばやの灌頂となってあらわれたのであります。

そして、これらの灌頂が終って、恵果和尚は

今すなわち授法の在るあり、経像功畢《おわ》んぬ（経論の書写と両部大マンダラ、供養の具の準備が完了した）。早く郷国に帰ってもって国家に奉り、天下に流布して蒼生《そうせい》（人びと）の福を増せ。しかればすなわち四海泰《やす》く、万人楽しまん。これすなわち仏恩を報じ、師恩を報ず。国のためには忠なり、家においては孝なり。義明供奉《ぎみょうぐぶ》（恵果の弟子の一人）は此処（大唐）にして伝えん。汝はそれ行きてこれを東国に伝えよ。努力《つとめよ》や、努力《つとめよ》や。

（『御請来目録』）

と空海に命ぜられ、それを遺誡《ゆいかい》として、同年十二月望日（十五日）遷化なされたのであります。出会いをとげて実に六ヶ月余で別れがやってきたことになります。だが、大日如来から次第して

伝えられた法の血脈は、確実に空海の心身に写瓶《しゃびょう》、即ち一つのコップからもう一つのコップに一滴の水ものこることなく移しかえられたのであります。ここに、この両者のすばらしい出会いの成果があるといえるでしょう。実にこの出会いがなければ、密教が日本仏教に展開することがなかったでありましょうし、仏教の日本的展開も貧弱なものとなったにちがいありません。

恵果和尚の遷化したのは、永貞元年（八〇五）十二月十五日の五更（午前四時）でありました。多くの弟子から日本の留学僧空海がえらばれ、師の徳を歎ずる文を執筆することとなったわけですが、その文章が「大唐神都（長安）青竜寺故三朝の国師灌頂の阿闍梨恵果和尚の碑　日本国学法の弟子苾蒭《びっしゅ》空海撰文并に書」（『性霊集』巻第二所収）であります。師への熱い思いが、名文をもってほとばしり出たようなこの文章は、空海の名文中の名文であると云えましょう。その中に、師を歎んじて

縦使《たとひ》、財帛軫《あと》を接《まじ》え（金銭や絹を積んだ車が続き）、田園頃《うね》を比ぶれども（田や果樹園の施入が沢山あっても）、受くることあって貯ふることなし。資生（世俗の生活）を屑《もののかず》にせず。或は大曼荼羅を建て、或は僧伽藍処《そうがらんしょ》（寺院）を修す。貧を済《すく》ふに財を以てし、愚を導くに法を以てす。財を積まざるを以て心とし、法を慳《おし》まざるを以て性とす。故に、もしは尊、もしは卑、虚《むな》しく往いて実《み》ちて帰る。近きより遠きより光を尋ねて、集会することを得たり。

とあることに、私はことさら注目したいと思います。

（『性霊集』第二）

伝法の師が、人間としてもすばらしい人物であったことは、空海にとってまことに幸福であったといえましょう。〝光を尋ねて〟集まった弟子達は、ジャワ島、朝鮮、中国の各地、さらには日本からそれぞれやってきて、共に〝虚しく往いて実ちて帰る〟ことであったことは、恵果和尚という人物が、誠に広大な、そして本物の僧、そして阿闍梨であったことの何よりもの証拠と云えましょう。

そもそも、仏教といわず宗教というものは、経典やその他の書物の存在もさりながら、それを体現している人物の存在が何よりもの力となるものであります。

空海の有名な言葉に、

法は人によって弘《ひろ》まり、人は法を待《ま》つて昇る。

（『秘蔵宝鑰』第四）

というのがありますが、これは恵果和尚と空海との出会いの場で、確認されたまぎれもない事実を述べた言葉であったにちがいないと思われます。

恵果和尚が遷化なされた夜、空海は道場において持念していると、和尚が前に立ち、我と汝と久しく契約ありて、誓って密蔵（密教）を弘む。我れ東国に生れて必ず弟子とならん。

と告げられたことを記しております。このことを、他のところでは、和尚入滅の夜、夢の中でこのように告げたと記しております。

汝未だ知らずや、吾と汝と宿契（前生からのちぎり）の深きことを、多生の中に（生れかわり生れかわる間に）相共に誓願して密蔵を弘演《ぐえん》す。彼此に代師資《かわるがわる》（師と弟子）となること只一両度のみにもあらず。この故に汝が遠渉（遠くにわたってきた）を勧めて我が深法を授く。受法ここに畢りぬ。吾が願も足りぬ。汝は西土（唐）にして我が足を接す。吾は東生（東方の日本に生れて）して汝が室に入らん。久しく遅留《ちりゅう》することなかれ、吾れ前に在って去らん。

（『性霊集』第二）

というのがそれであります。宗教者にとって夢告の意味を軽んずることには反対であります。この恵果和尚の夢告を、早く帰国するための方便と理解する人がおりますが、そうではなく、実際の夢告にうながされて帰国を早めたと考えるべきでありましょう。

夢告において、恵果和尚は、弟子の空海の弟子にならん、と告げたのでありますから、このこと一つを取り上げても、この両者の出会いがいかに重要なものであったかがわかりましょう。

(6) 般《はん》若《にゃ》三《さん》蔵《ぞう》　インドの訳経僧

空海が入唐し、長安に於て密教の恵果阿闍梨と劇的な出会いをとげたのが延暦二十四年（八〇五）のことでありました。

般若三蔵との出会いは、『秘密曼荼羅教付法伝』巻第一において、真言宗八祖の中の第四祖、竜智菩薩の項の記述におきまして、空海ご自身が直接に聞いたことの証拠として、

貧道（空海）、大唐の貞元二十年（八〇四）長安の醴泉寺において、般若三蔵および牟尼室《むにし》利《り》三蔵《さんぞう》、南天《なんてん》の婆羅門《ばらもん》等の説を聞くに、この竜智阿闍梨《りゅうちあじゃり》は、今見《げん》に南天竺国に在って秘密の法等を伝授すと、云云

（『付法伝』第一）

とのべておりますことから、恵果和尚との出会い以前のことであったようであります。

空海は、延暦二十三年、唐暦では貞元二十年の八月に福州に来て、十二月に長安に入り、翌永貞元年二月に西明寺に入り、六月に青竜寺恵果和尚から胎蔵法を受けたのでありました。それからすると、あくまでも貞元二十年に長安において般若三蔵との出会いをとげたということを前提

として考えますと、当年八月に福州に着き、十二月に長安に入ったという四ヶ月間は、旅の途中であったのでしょう。そうすると、十二月に長安に入って以後、翌年二月に西明寺に入る以前ということになり、貞元二十年も十二月におしつまった長安城入京直後ということになりましょう。

『秘密曼荼羅教付法伝』巻第二における恵果和尚の記述のなかに、弟子の僧、義智に関するところで、般若三蔵が登場いたします。

和尚（恵果）は貞元二十年、醴泉寺において、弟子の僧義智がために金剛界の大漫荼羅を建立す。および尊位を拼布《ほうふ》す（縄墨で書くこと）。時に般若三蔵および諸大徳等法筵に集会す。和尚尊位を拼《すみう》ちおわって、すなわち手に香鑪を把り、口に要誓を説いていわく、もしわが今置くところの尊位をして法と相応せしめば、天忽ちに雨を降せと。あらゆる衆徳、もろもろの弟子等、師に代って汗を流す。言おわってすなわち雷雨滂沱《ぼうだ》たり。人みな感伏《かんぷく》して未《み》曽有《ぞう》なりと嘆ず。般若のいわく、いわゆる阿毗跋致《あびばっち》の相すなわちこれこれに当れりと。

というような恵果和尚の不思議な偉力の発揮された場面にいた般若三蔵は、それは〝阿毗跋致《あびばっち》〟の相だと人々にかたったのであります。阿毗跋致とは、avaivartikaの音写で、不退転と訳される言葉であります。もう退くことがない悟りの境地に入られた方の偉力である、と云われたのであります。これからみても恵果和尚と般若三蔵との関係が深かったことが考えられます。

『御請来目録』のなかに、般若三蔵の言葉を記しているので、あげておきましょう。それは、

梵夾三口《ぼんきょうさんく》

右、般若三蔵告げていわく、吾が生縁は罽賓国《けいひんこく》なり、少年にして道に入り、五天を経歴し、常に伝燈を誓って、この間に来遊せり。今桴《いかだ》に乗らんと欲するに、東海に縁なくして志願遂げず。我が所訳の新華厳・六波羅蜜経およびこの梵夾将《もち》去って供養せよ。伏して願わくは縁をかの国に結んで元元を抜済せんと。

（『御請来目録』）

とあるのがそれであります。

そして、『目録』中に、般若三蔵の訳された

新訳華厳経一部
　四十巻六百一十二紙
大乗理趣六波羅蜜経一部
　十巻　一百六十紙
守護国界主陀羅尼経一部　十巻

造塔延命功徳経　一巻
　右四部六十一巻
を確かに請来したのであります。
これが般若三蔵に関する空海の記述の全てでありますが、ともかく、長安城に入ってただちにインド僧般若三蔵との出会いをもったこと、般若三蔵は恵果阿闍梨と緊密な関係であったことが想像されるのであります。
インド僧との出会いは、当然のこととして、梵語《ほんご》の研鑽《けんさん》につながったはずであります。実際のところ四十二部四十四巻と数えられる梵語資料を請来しております。そして、

　釈教《しゃくきょう》（仏教）は印度を本とせり。西域・東垂（支那）、風範（教えとそのきまり）天《はるか》に隔《へだ》てたり。言語、楚夏《そか》（支那）の韻に異んじ、文字、篆隷《てんれい》（篆書・隷書）の体にあらず。この故にかの翻訳を待って、すなわち清風を酌む。しかれどもなお真言幽邃《ゆうすい》にして、字字義深し。音に随って義を改むれば、賒切《しゃせつ》（緩・急）謬《あやま》り易し。粗《ほ》ぼ髣髴《ほうふつ》を得て、清切なることを得ず。この梵字にあらずんば長短別《わきまえ》がたし。源を存するの意それここに在り。
（『御請来目録』）

と、仏教研究における梵語の重要性を指摘し、日本人最初の梵語に関する著述であります

『梵字悉曇字母并釈義《ほんじしったんじもならびにしゃくぎ》』一巻を著してもおります。

さて、空海は般若三蔵所訳の四種の資料を『御請来目録』中に報告しておりますが、これらの文献は、空海の教学に多大の影響をあたえることになります。

たとえば、密教と顕教とを比較対論した『弁顕密二教論《べんけんみつにきょうろん》』に、般若訳の『六波羅蜜経』を引用し、法宝には、一に経、二に律、三に論、四に般若、五に陀羅尼、即ち密教の五種がありとし、それを牛乳を精製してゆく過程に五段階があるのに譬え、その第五番目の醍醐味を密教に配当し、それは金剛手菩薩が受持されたもので、すべての人々に解脱をもたらし、涅槃におもむき自身に法身を体得せしめるものであることを大きく取り上げ、その重要性を指摘しております。

般若三蔵は、プラジュニャーという、北インドのカシミールの人でありました。建中二年（七八一）に広州に到着し、翌年長安に入り、貞元二年（七八六）にペルシャ僧景浄と『六波羅蜜経』を共訳したのでしたが、勅命をうけてそれを再治したと云うことです。空海が般若三蔵と出会ったのが貞元二十年（八〇四）でありますから、三蔵は中国に来てすでに二十三年ほどもたっていたようです。

共に会ったと思われる牟尼室利三蔵《むにしりさんぞう》も、貞元十六年（八〇〇）ごろ中国に来て、般若三蔵とともに『守護国界主陀羅尼経』を訳しましたが、この方とも多くの接觸をもったにちがいありません。

さらには、〝南天（南インド）の婆羅門〟の名があげられておりますが、この方については不詳であります。

仏教にとって、インドは根源であります。空海の体系づけられた真言密教の特色として、中国仏教を通りこして実にインド的な様相を色こく有していることが指摘されますが、それは長安においてインド僧達と実際に出会い、そして交流をもったことによることはむろんですが、特に真言密教の第四祖である竜智菩薩の実在の証明を、これらインド僧から得ていることは注意しなければならないでありましょう。

空海に影響をあたえた人々のなかでも、もう少し、この般若三蔵を重要視すべきであろうと思います。

(7) 橘《たちばな》逸《(の)》勢《はやなり》　親友の協力者

橘逸勢《たちばなのはやなり》は、空海が生命を賭けて行動した入唐求法の旅に、困難を共に乗りきった親友の一人であります。

入唐求法の困難さは、前述したから略するとして、長安城での空海の行動には、橘逸勢の影が見えるようであります。この両者は、その入唐の目的を異にしているとは言え、共に各々の世界を交えているようであります。

空海は、延暦二十三年（八〇四）季夏の月に、大使藤原朝臣《あそん》に随って第一船に上りました。その時、橘逸勢も行動を共にし、困難な漂流の内に、八月福州に、そして十二月下旬に長安城に到着したのでありました。その間、同じ留学生・留学僧として、大きな期待と、そして不安を語り合ったにちがいありません。

西明寺の永忠和尚がおられた室におちついた空海は、早速に名徳を訪ねて長安城を歩き廻ったようであります。

空海、西明寺の志明・談勝法師等五六人と同じく往いて和尚に見《まみ》ゆ。

と、その当時について記していますが、その五・六人の中に、橘逸勢がいても不思議ではないと思います。逸勢の行動にも、大師が付き合っていたに相違ありません。

さて、空海は、偶然にして青龍寺東塔院の恵果阿闍梨と出会うこととなり、その後、六月・七月・八月にわたって、師より学法灌頂、五部灌頂、伝法灌頂というような重要な密教事相の世界に参入することになり、その間、空海は十余人の画家によって十鋪のマンダラ図を描かせ、二十余人の経生をたのんで多くの経典を写させ、儀式のための道具十五点の製作を依頼されてもおります。

このことは、「越州の節度使に与えて内外の経書を求むる啓」（これは、大師帰国にあたって経論蒐集の願文）において、くわしく、次のように述べております。

今、見に（現に）長安城の中において写し得る所の経論疏等凡て三百余軸、及び大悲胎蔵・金剛界等の大曼荼羅の尊容、力を竭《つ》くし財を涸《つ》くして趁《もと》め逐って図画せり。しかれども人は劣に教は広うして、未だ一毫をも抜かず。衣鉢《えはつ》竭《つ》き尽きて人を雇うこと能わず。食寝を忘れて書写に労す。日車《じっしゃ》（時が過ぎること）返り難うして忽に発期（日本への出発の日）迫れり。心の憂い誰に向ってか紛《いきどほり》（訴えること）を解かん。

（『性霊集』巻第五）

ここにもふれられている〝三百余軸〟にわたる経論疏は、その具名を『御請来目録』中に見ることができ、さらに『三十帖策子』として、そのなまなましい写経の跡を見ることができるのであります。その中には、確かに橘逸勢の筆になる部分もあるはずです。

さて、逸勢は、空海の帰国という事態にいたり、共に帰国の希望を持つようになったようです。空海も、逸勢も、二十年の留学が義務づけられていたわけですから、にわかの帰国には、何か理由が考えられなければなりません。前にあげた空海の文では、

衣鉢竭き尽きて人を雇うこと能わず、

とありますことから、学資金が底をついてしまったということも、その一つであったのでしょう。

ここに、空海が逸勢の帰国の意志を代筆した文がのこっているので、それをあげてみましょう。それは「橘学生本国の使に与うるがための啓」と題する文であります。

留住の学生逸勢啓《もう》す。逸勢驥子《きし》（俊才）の名無らして青衿（学生）の後《しりえ》に預れり。理須らく天文地理（天文学と地理学）雪の光心に暗《そら》んじ、金声玉振鉛素に縟《まだらか》んず（文章が立派で多く書くこと）。しかれども今山川両郷の舌（唐と日本との言葉のちがい）を隔てて、未だ槐《かい》林《りん》（学校）に遊ぶに遑《いとま》あらず。且《しば》らく習う所を温《たず》ね、兼ねて琴書（琴と書道）を学ぶ。日月

荏苒《じんぜん》（むなしく過ぎ去って）として資生（学資金）都《すべ》て尽きぬ。この国の給う所の衣糧僅かにもって命を続ぐ。束修（先生への謝礼金）読書の用に足らず。たとい、専ら微生が信（天子の命をまもった微生という人）を守るとも、あに廿年の期を待たんや。ただ螻命《ろうめい》（ケラ虫のようなつまらない命）を壑《たに》に轉ずるのみにあらず、誠にすなわち国家の一の瑕《きず》なり。今所学の者（自分の学んだ音楽）を見るに、大道（儒教）にあらずといえども頗る天を動し神を感ずる能あり。舜帝撫してもって四海を安んじ（舜帝は琴を弾じて国民のいかりをといた）、言偃《げんえん》（孔子の弟子であった子遊〈言偃〉は音楽で国を治めた）拍って一国を治む。彼の遺風を尚んで耽研《たんけん》功畢んぬ（専心に研究し成果をおさめおわった）。一芸これ立つ、五車（多くの書物）通《とお》し難し。この焦尾《しょうび》（琴の異名）を抱いてこれを天に奏せんと思欲《おも》う。今小願に任えず。奉啓陳情《ちんせい》す。不宣謹んで啓す。

（『性霊集』第五）

以上の文から、逸勢の留学の意図や、長安での生活などを知ることができます。

まず第一に、天文学・地理学・琴書などを学ぶのを留学の目的としたこと。第二に、言葉が不自由で学校にも行けないこと。第三に、学資金や先生への謝礼金などが欠乏してしまい、もはや二十年の留学がたえきれないこと。第四に、学んだ琴を天皇の御前において奏したいこと、などと整理することができましょう。

空海も、逸勢も帰国の理由の一つに、学資金の欠乏をあげていることは、注意してみる必要があろうかと思います。

このように、空海と逸勢は、生と死とを共にした仲間であったことに、その出会いの緊密であったことを思います。

また、逸勢は、空海と嵯峨天皇とを数えて〝三筆〟と称された書の達人であったことも見逃すことができません。空海も入唐した折に種々なる書を学んでおられますが、そこに逸勢を配しても少しも不思議ではありません。

さて、これは空海の御入定後のことになりますが、橘逸勢は〝承和の変〟に連座して、非業の最後をとげることになります。それは、承和九年（八四二）のことでありました。

それは、天長十年（八三三）、淳和天皇は甥の仁明天皇に譲位し、仁明天皇は淳和天皇の第二皇子である恒貞親王を皇太子に立てることになりました。しかし、仁明天皇には藤原冬嗣の女順子との間に道康親王があり、恒貞親王は再三辞退したが許されなかったのでありました。承和七年（八四〇）に淳和上皇が、承和九年（八四二）に嵯峨上皇が世を去ることになり、恒貞親王に仕えていた春宮坊帯刀伴健岑は、親王を奉じて東国に入ろうとし、橘逸勢を仲間にひき入れ、それが密告によって発覚し、健岑をはじめ、逸勢や、一族の者達全てが捕えられてしまい、結局、恒貞親王の無実が認められましたが、健岑は隠岐へ、逸勢は伊豆に流されることになり、逸勢は途中の遠江板筑駅にて死亡することになったわけであります。

これは、藤原良房の政治的陰謀であったとされるのですが、その後、藤原家、特に北家は天皇制内部に深くくいいり、摂関政治へと押進めることになります。

承和の変は、直接空海に関係はなかったのですが、空海も見ていた薬子の乱の間接的な影響があったことは否定できないことでありましょう。また、空海を信任した淳和・嵯峨両天皇のかかわりもあったわけで、決して無縁ではなかったはずです。

(8) 解《げ》書《しょ》(の)先《せん》生《せい》

空海が四十三歳の、弘仁七年(八一六)六月二十七日のことでありました。高雄山神護寺の納涼房にくつろいでいた空海のところへ、嵯峨天皇の勅命を奉じて主殿助布勢海《とのものすけふせのあま》という使者が訪れました。

彼は五彩の呉《くれ》の綾錦《あやにしき》、すなわち呉の国で産出する五色のあやぎぬの織物の縁《へり》の五尺の屏風四帖を持参し、〝両巻の古今の詩人の秀句〟を書けという聖旨を言上したのであります。

空海は、早速にその依頼にこたえ、同年八月十五日に、上表文を添えてその書き上げた屏風を送っておられる。

その上表文のなかに、

空海たまたま解書の先生に遇うて粗《ほぼ》口訣を聞けり。しかりといえども志す所、道別《こと》にして曾つて心に留めず(私、空海は入唐の折のこと、長安城中において解書の先生にお会いすることができ、書道の口伝をおおかた聞くことができました。しかし、私の志は仏教を求めることにありましたから、あまり深くは心に留めておりませんでした)。

とあり、多忙な長安城での求法のあいだに、しっかりと書道の勉強もなされたようであります。

そして、その書道研究の成果は、多くの空海の書に端的に表現されることになります。ここでは、少しく書論とも云うべき文章を紹介してみることにしましょう。

空海聞く、物類（万物）形を殊にし、事群《じぐん》（種々なる世俗の事業）体を分つ。舟車（ものをはこぶ舟と車）用別《こと》にして、文武（文人と武人）才異なり。もしその能（才能）に当るときは、事、則ち通じて快《こころよ》し。用（働き場所）、その宜《よろしき》を失うときは労すといえども益なし。空海、もとより観牛の念《おもい》（禅定に耽る）に耽って久しく返鵲《へんじゃく》（文字の筆勢）の書を絶つ、達夜《よもすがら》数息《すそく》（数息観）す、誰か穿被《せんび》（専心に書道を練固する暇がない）に労せん、終日《ひねもす》修心（修行に専念）す、何ぞ墨池《ぼくち》（書道に専念）に能《た》えん。……

古人の筆論にいわく、「書は散なり（書道の極意は心を万物に散じて、万物の形を字の勢いにこめることにある）」。ただ結裹《けっか》（字画の正しいこと）をもって能《よ》しとするにあらず。必ず須らく心を境物に遊ばしめ、懐抱《かいほう》（心の思い）を散逸《さんいつ》（対象とするものにこめて）して、法（字の勢）を四時（四季）に取り、形を万類に象《かたど》るべし。これをもって妙なりとなす。このゆえに……。あるがいわく、「筆論筆経（書道の原理書）は譬えば詩家の格律（内容と形式）の如し」。詩はこれ声を調え、病を避《さ》る制あり。書もまた病を除き、理に会《かな》う道あり。詩人、声と病とを解《さと》らざれば、誰か詩什に編まん（詩集に編入されて一流の詩人の仲間入りをする）。書者、病理に明かならずば、何ぞ書評に預《あずか》らん。

（『性霊集』巻第三）

とあります。ようするに、空海は、禅定の修行に一生懸命であり、書道に専念する時間がないことをことわって、「書は散なり」という古人の筆論の一句を紹介し、

1、字画が正しいというよりは、心を万物に遊ばし、心の思いを万物の形にこめることが大切である、ということ。

2、字勢には、四季があり、その形を万物にかたどることが大切である、ということ。

3、書にも病があるので、それを取りのぞき、理性にかなった文字を書くための道がある、という。

と注意しております。これらをふまえて

書もまた古意（古い時代の書の真意）に擬するをもって善《よ》とし、古跡に似たるをもって巧《たくみ》なりとせず。

とあるように古人の筆跡の形だけを真似するのは、巧いのではない。巧くないから真似るのに

ちがいないと云っているのであります。

空海が体系づけた真言密教の教えは、空海に至るまで七箇の阿闍梨を数え、代々の相承を重んじているのですが、書の世界においても古意を正しく受けとめるという、相伝・伝承を重要視していたことが明らかであります。

さて、問題の〝解書の先生〟とは誰であったのでしょうか。今迄の先徳の推論によるならば、かの有名な王義之か、あるいは韓方明ではなかろうかということになっているのであります。

空海は実に多くの書を嵯峨天皇に献じております。まず、世説の屏風画帖、これは弘仁元年(八一〇)十月二十七日に上表されている。翌年の六月には、劉希夷《りゅうきい》が集四巻、王昌齢が詩の格一巻、貞元の英傑の六言《りくげん》の詩三巻、飛白の書一巻。同年八月には、徳宗皇帝の真跡一巻、欧陽詢が真跡一首、張誼が真跡一巻、大王諸舎の帖一首、不空三蔵の碑一首、岸和尚の碑一鋪、徐侍郎が宝林寺の詩一巻、釈の令起が八分の書一帖、謂之《いし》が行草一巻、鳥獣の飛白一巻、弘仁三年七月二十九飛には急就章一巻、王昌齢が集一巻、雑詩集四巻、朱書の詩一巻、朱千乘が詩一巻、雑文一巻、王智章が詩一巻、詔勅一巻、訳経圓記一巻、さらには劉廷芝《りゅうていし》が集四巻等であります。これらは、

これはこれ在唐の日、作者(ある詩人)の辺において偶《たまたま》この書を得たり。

あるいは、

またこれ在唐の日、一びこの体を見て試にこれを書す。

などとありますように、これらの書は、在唐の折に蒐集したもの、または試みに書したものであったようです。

ここでまた解書の先生の言を掲げてみることにしましょう。

これを師に聞くにいわく、鑒《かん》する者（筆や紙を鑑別して書く人）は写せず（手本のように写さない）、写する者（手本の通りに写す人）は鑒せず（筆や紙を鑑別しない）。鑒する者は興来るときはすなわち書してその奇逸《きいつ》（自由奔放）を遺す。写する者は終日矻矻《きつきつ》（勉めてやまない）としてこれを調句（文字を調え、よく似せて書くこと）に快くすと。

（『性霊集』巻第四）

ようするに、書の世界の美を大切にする人は、ただ文字の形のみを写そうとはしない。文字の形を大切にする人は、書の世界の美を写そうとはしない。書の世界の美を求める人が興に乗って書きあげたものは、自由奔放なものになり。文字の形に拘泥する人は、一日中ただ文字を調え、よく似せて書くことに専念するものである、というのであります。

むろん、空海は、前掲の文もそうでありましたように、書の美を自由奔放に求め展開なされた方でありましたことは、云うまでもないことでありましょう。

さらに、つづいて

余海西において頗《すこぶ》る骨法（筆道）を閑《なら》えり。いまだ畫墨せずといえども、稍規矩《ややきく》を覚れり。

（『性霊集』巻第四）

という言葉がありますように、筆法の奥義をきわめた、と宣言なされております。

これも、空海が入唐したことの大きな成果でありましたことは、空海が実際に書した多くの作品を拝見することで証明されることであります。

解書の先生との出会いも、また空海の生涯にとって重要な一面を確実に拓いたものであったことは云うまでもないことです。

(9) 高《たか》階《しな(の)》真《ま》人《ひと》

帰国の助力者

高階真人《たかしなのまふと》は、空海が中国から帰国の折に、共に行動した人物であります。
空海は、中国において高階真人にあて、次のような文書を提出しました。

留住学問の僧空海啓《もう》す。空海、器（才能）楚材《そざい》に乏しく、聡（聡明さ）五行（一度に五行を読み下す）を謝せり（およばない）。謬《あやま》って求撥《ぐはち》（法を求めること）を濫《みだ》りがわしうして海を渉《わた》って来たれり。草履《ぞうり》を著けて城中を歴《ふ》るに（師を求めて長安城を歩きまわる）、幸に中天竺国の般若三蔵及び内供奉恵果大阿闍梨に遇い上って膝歩接足《しっぽせっそく》（弟子の礼）して彼の甘露を仰ぐ（無上の教えを受けた）。……この法はすなわち仏の心（仏教の肝心なるところ）、国の鎮《しずめ》なり。氛《ふん》を攘い（わざわいをはらい）、祉《さいわ》いを招くの摩尼（宝珠）、凡を脱《まぬか》れ聖に入るの嘘径《きょけい》（近道）なり。このゆえに、二十年の功これを四運（四季）に兼ね、三密の印これを一志（一心）に貫く。この明珠《めいしゅ》（明月のような光を放つ密教の教え）を兼ねてこれを天命に答《たっ》せん。たとい、久しく他郷に客たりとも、領《くび》を皇華に引かん（久しく中国にとどまって遣唐使の来るのを首を長くして待っていたならば）。白駒《はっく》（歳月）過ぎ易く、黄髪いかんがせん。今、陋願《ろうがん》（いやしい願い）に任えず。奉啓不宣。謹んで啓す。

（『性霊集』巻第五）


この書簡には、「本国の使と共に帰らんと請う啓」というタイトルが附されております。

まず、空海が共に帰国したいための理由を、この文の中にさぐってみますと、留学僧の資格のもとに入唐した空海は、二十年間のあいだ中国にとどまることが条件でありました。文中に〈二十年の功これを四運に兼ね〉とあるのは、二十年間にわたって学ぶべき明珠（密教）を一年間にすでに学んでしまった、といっております。

また、〈久しく他郷に客たりとも、領を皇華に引かん。白駒過ぎ易く、黄髪いかんがせん〉とあるのは、久しく中国にとどまって遣唐使の来るのを待っていても、歳月は過ぎ易く、たちまちに老人になってしまう、というような切実な不安を表明してもおります。

さらに、

遂にすなわち大悲胎蔵・金剛界大部の大曼荼羅に入って、五部瑜伽《ごぶゆが》（金剛界・胎蔵界）の灌頂《かんじょう》の法に沐す。沐《さん》（食事）を忘れて読に耽り、仮寐《かび》して大悲胎蔵（大日経）・金剛頂等（金剛頂経）を書写す。すでに指南を蒙ってこの文義（意味内容）を記す。兼ねて胎蔵大曼荼羅一鋪、金剛界九会大曼荼羅一鋪を図し、幷びに新翻訳の経二百巻を写し、繕装《せんそう》（表装）

畢えなんとす。

（『性霊集』巻五）

とありますように、師の恵果和尚より五部瑜伽の灌頂を受け、大日経・金剛頂経等の内容についても教示され、一通りの理解も出来あがり、両部のマンダラ図も図し終り、二百巻に及ぶ新翻訳の書写したものが、やっと表装が完成した、という状況であったようであります。

もうこうなれば、帰国するよりない、というなかなか説得力のある文章であります。

この手紙が効を奏して、帰国ということになるわけでありまして、この手紙を受取った高階真人の決断が、後の空海の活躍の基礎となったと云っても過言ではありません。

この時、若しも帰国できなかったならば、空海のご生涯は、まったく異なったものになったでありましょう。

二十年の留学を命ぜられた一人の学僧を、高階真人は、自分の判断で帰国の許可を与えたわけでありまして、この両者の間には、まことに強いきずながてきあがっていたと考えないわけにはゆきません。実際のところ、次の第十七次遣唐使船が筑紫を出発したのが、承和五年（八三八）七月のことでありますから、その船をまっていることになったら、空海は中国の地で没していたことになります。

ともかく、高階真人の決断で帰国することができた空海は、九州上陸後すぐに、自分が唐において蒐集し、やっとの思いで請来した大切な資料のリストを朝廷に提出することになり、それを、高階真人に託しております。

「新請来の経等の目録を上《たてま》つる表」の前文は、かつて、空海が中国の地で高階真人に出した帰国のための嘆願書と同一趣旨のもので、よりくわしく書かれているものであります。その中で、

謹んで判官正六位上行大宰の大監高階真人遠成に附して奉表以聞す。ならびに請来新訳の経等の目録一巻を且つもって奉進す。軽しく威厳を黷《けが》して、伏して戦越を増す。沙門空棊誠恐誠惶謹言。

大同元年十月廿二日　　　入唐学法沙門空棊上表

とあることより、知ることができます。請来した内容は、

新訳等の経都て一百四十二部二百四十七巻

梵字真言讃等都て四十二部四十四巻

論疏章等都て三十二部一百七十巻

巳上三種惣て二百一十六部四百六十一巻

仏菩薩金剛天等の像、法曼荼羅、三昧耶曼荼羅、ならびに伝法阿闍梨等の影共に一十鋪

道具九種

阿闍梨付嘱物一十三種

と数え上げられます。これらの請来物を無事に中国から日本に伝来することについて、空海の傍らにいて協力した人物。彼は、さらにその目録を携えて都に上り、そのすばらしさを朝廷内に吹聴したでもありましょう。さらに『御請来目録』に、

空棄、闕期《けつご》の罪死して余《あまり》ありといえども、竊《ひそか》に喜ぶ、得難きの法を生きて請来せることを。

と、文中の〝闕期の罪〟とは、中国に二十年間留学することが定められていたのを、わずか二ヶ年で帰国してしまった罪のことでありまして、朝廷の内部において、そのことを強く問題視した人々がいたにちがいありません。そのことについても、高階真人は空海の意中を充分に代弁したはずであります。

しかし、空海が都に登ることについては、スムーズではありませんでした。高階真人を通じて提出された『御請来目録』は、ただ単に目録だけではなく、大師の中国での様子や、密教という教えの本質が開陳されており、それを受取った朝廷側としても、そのあつかいに苦慮していたは

ずであります。

また、この『御請来目録』は、現在、伝教大師最澄の筆写したものがのこされておりますが、あるいは、朝廷側の一人として、伝教大師最澄は相談を受けられたのではないか、と想像されます。空海の請来のあまりにも充実していることについて、一番驚かれたのも伝教大師最澄であったにちがいありません。その筆写の文字のあまりにも丁寧なのを見て、その思いを深くしたことがあります。

さて、高階真人は、空海の生活のもう一つの重要な場面に、かかわりをもつことになります。

それは、高雄灌頂であります。弘仁三年（八一二）十一月十五日、金剛界灌頂を開き、釈最澄、播磨大縁和気真綱、大学大允和気仲世、美濃種人の四名が入壇された。また、同年十二月十四日には、胎蔵界灌頂が開かれ、大僧衆数、伝教大師等廿二人、其他沙弥卅八人、近事四十一人、童子四十五人の合計一四五人が入壇したのでありますが、「高雄灌頂記」の、近士衆の最初に、

民部少輔高階真人

の名を見ることができます。

高階真人は、空海の生涯の重要なエポックの三点にかかわった人として、重要な人物と云わな

ければなりません。

一、中国からの帰国。

二、『御請来目録』をたずさえての帰国報告。

三、高雄の灌頂に参加。

という三点であります。

おそらく、高階真人こそが空海の最初の信者と云うことができると思います。

⑽　田《でん》（の）小《しょう》弐《に》　最初の供養の依頼者

空海が入唐求法の困難な旅をおえて、九州の大宰府《だざいふ》に上陸しましたのが、大同元年（八〇六）の八月のことでありました。中国において蒐集してきた貴重な文献のリストである『御請來目録』を、高階真人に託して朝廷に提出したのが、十月のことであります。

翌大同二年仲春十一月、空海は、田中姓の大宰府次官の田小弐《でんしょうに》の依頼によって、母親のための一周忌の追善供養を営んだようです。それは、『性霊集』巻七のなかの「田小弐が先妣の忌斎を設くるための願文」によって知られます。

恭《つつし》んで惟《おもんみ》れば身体を陶冶《とうや》（きたえ育てること）するは二親《じしん》（父母）の恩重し、岳瀆《がくどく》（高い山と深い河のような父母の恩）を酬報せんこと仏にあらざれば誰にか帰せん。没駄《ぼだ》の力（佛力）もって為さざるところなし。これを憑《たの》み、これを仰げば怨親なおし子のごとし（怨みあるものも、親しきものも親の子に対するようである）。神通縁あり（神通力によって人びとを救う縁があれば）、悲願極りなし（衆生済度の誓願の尽きることとなし）。利楽抜済《りぎょうばっさい》（人びとの利益と安楽のために）身の倦《う》むこと憚《はばか》らず。汪汪たる（広く深い）徳、言絶え、思断えたり。

とて、父母の恩に報いるためには仏の力によらなければならず。また、仏の衆生救済の御心は絶大なものがあります、と述べましてから、

伏して惟れば先妣田中氏は婦徳桃林（うるわしい桃の林）よりも瓞茂《てつぼ》（小瓜のつるのように子孫が栄える）たり。母儀（母親としての模範となるもの）蘭苑《らんえん》（蘭の咲く園）よりも芬《ふん》馥《ふく》（かおりがたかい）たり。冀《こいねが》うところは告面（父母への孝養のこと）を芥劫《けこう》（無限に長い間）に竭《つく》さんことを。何ぞ図《はか》らん、芝玉《しぎょく》（亡母のこと）を露の朝に害せんとは。嗚呼痛いかな、酷裂《こくれつ》（胸がはりさけるような）たる罪苦。弟子（遺族）等火を呑み、鴆《ちん》（毒の鳥）を飲むがごとし。斗建《とけん》（年月のこと）を記せざるに、漏鐘《ろうしょう》（歳月のこと）矢のごとくにして周忌たちまちに臨めり。その徳厚く深うして報ぜんと欲するに極《きわま》りなし。

とて、一周忌をむかえた田中某氏の母親の徳のすばらしさを称讃しております。

さらに、具体的な追善供養の実際を、

ここをもって大同二年（八〇七）仲春十一日、恭んで千手千眼大悲菩薩ならびに四摂八供養摩訶薩埵等の一十三尊を図絵し、ならびに妙法蓮華経《みょうほうれんげきょう》一部八軸、般若心経《はんにゃしんぎょう》二軸を写し奉り、兼ねて荒庭を掃洒《そうさい》（掃いて水打ちする）して聊《いささ》か斎席（法事の席）を設けて潔く香華を修

し、諸尊を供養す。

と記しております。追善供養のために、観音菩薩のマンダラを画し、『法華経』、『般若心経』の書写をしております。さらに、

伏して願くはこの徳海を傾けて煢魂《けいこん》を潤洗せん（霊魂を供養したい）。妄霧《もうむ》を褰《かか》げてもって大日を覩《み》、智鏡を懐《いだ》いてもって実相を照さん。法の不思議これを用いて窮尽《ぐうじん》なし。福、現親（現世の親）に延《ひ》いて寿考（長命）光寵《こうちょう》（うるわしく壮健）ならん……五類の提婆《だいば》（天）、十方の数生《そくしょう》（人々）、同じく一味の法食に飽《あ》いて等しく一如の宮殿（さとりの境地）に遊ばん。

（『性霊集』巻七）

とのべて、供養の誠をささげて、ともにさとりの世界にいたろう、と誓願しておられるのであります。

記録の上からは、おそらく空海が追善のための供養を行った最初が、この田小弐の依頼によるものであったということになります。後に多くの追善供養を行うわけでありますが、その法要の席上、空海によって声高らかに読みあげられたこの歎徳文は、まことに文章家空海の面目躍如というところではないでしょうか。

このように、唐より帰朝し、大宰府に滞在している時に、他人の求めに応じて、このような立派な文章と、マンダラ図や、経典の写経などを準備して行なわれた追善のための法要は、まことに立派なものであったにちがいありません。さぞかし、田氏も感涙にむせんだにちがいありません。

このように、空海はすべての人々に心を開いていたお方であったのでありましょう。後世、大師信仰として展開することになります、大師空海の素地を見る思いがいたします。同行二人の私ともう一人の大師さまは、慈悲の当体として今まさにそこにおわすところの、大師を見ることができます。

空海が帰朝し、最初になした慈悲の実践行としての追善供養の法要によくした田小弐こそ、最初に大師信仰を持ったお方であったでありましょう。

⑾　伝教大師最澄《でんぎょうたいしさいちょう》

偉大なライバル

　空海にとってもっとも大きく、かつ意味のある出会いは、天台宗開祖・伝教大師最澄《でんぎょうだいしさいちょう》（七六七〜八二二）さんとの、それであったにちがいありません。同じ目的意識を共有する仲間としての出会いこそ、その人にとって大きな影響を及ぼすことのはかりしれないことは、私達の経験でも明らかなことでありましょう。

　伝教大師は、神護景雲元年（七六七）に近江《おうみ》に生まれました。空海は宝亀《ほうき》五年（七七四）に四国の讃岐《さぬき》で生まれたのですから、伝教大師は七歳の年上ということになります。生まれた時も処も異なるこの二人が、第十六次遣唐使の一員として、延暦二十三年七月六日、肥前国松浦郡田浦を遣唐使藤原葛野麿の第一船に空海が、判官菅原清公の第二船に伝教大師が各々乗船し、唐にむけて出航したのでありますから、まことに因縁というほかありません。そのときの伝教大師は、法華一乗の玄理が他宗に勝ることを宣伝しつつあり、和気弘世・真綱の外護を受け、入唐求法を上奏し、還学生としての入唐でありました。

　一方、空海は、十八歳に上京、大学明経科に入学し、一沙門との出会いによって仏教の世界に開眼し、『三教指帰』を著して出家宣言をし、四国の山野や熊野山系などで久修練行を続け、さらには南都の諸寺で勉学の日々を送っていたことが想像されるだけで、詳しい事柄がまったく不明であります。しかし、この入唐の日に突然と歴史の表面に顔を出したわけであります。

この十六次遣唐使船団は、前年の延暦二十二年三月に難波を出発したのでありましたが、途中暴風雨にあって中止となり、再び同じ編成で難波を出発したのが明くる年の五月十二日、そして九州の筑紫を出発したのが七月のことでありますから、難波出発から二ヶ月も経過してやっと日本を離れたことになります。ここで注意すべきことがあります。それは、伝教大師は延暦二十二年三月のメンバーの一員であり、それが失敗したことにより陸路九州の筑紫に向かい、その十四ヶ月後に上船ということになったわけでありますが、空海は、延暦二十二年三月の出発時において、いまだメンバーに加わっておらず、失敗後の翌年の五月十二日の再出発時に加わっているという事実があります。

ですから、いよ〳〵入唐への出帆の乗船の時において、この両者は各々の姿を望見したにちがいありません。あるいは、第一船と第二船にわかれて乗船した二人、伝教大師は還学生として、空海は留学生として、各々身分の相違から、空海が今をときめく伝教大師をみつめていたのかもしれません。

四隻からなる遣唐使船団は、第一船には大使藤原葛野麿や副使石川道益、空海と橘逸勢らの一行、第二船は判官菅原清公、伝教大師ら。第三船は引き返し、翌年七月四日に再出発したものの、南方の孤島に漂着し、かろうじて帰還。第四船は消息不明となってしまいます。空海乗船の第一船は、怒濤にもまれること三十四日にして、ようやく福州長渓県の赤岸鎮に漂着。伝教大師乗船の第二船は、無事に明州に着岸。大使一行を長安において待ち受けるために出発。伝教大師は一行とわかれて天台山に遊歴の旅に出発し、その目的をはたして延暦二十四年五月十八日に大使の帰船に同乗、六月五日に対馬《つしま》に帰着ということになります。

一方、空海は長安における恵果阿闍梨との出会いをはたし、密教を付法して帰国したのが大同元年（八〇六）八月のことでありました。九州の大宰府《だざいふ》に上陸した空海は、早速に入唐留学の成果を報告し、『請来新訳の経等の目録』一巻を朝廷に奉表することになります。それを先に帰国していた伝教大師が見ることになったことが想像されるのであります。その時に、はじめて伝教大師は空海を意識したはずです。空海は、いつ頃上京してきたのかは正確にわかりませんが、大同三年六月十九日付と、大同四年七月十六日付の二通の「太政官符《だじょうかんふ》」がのこっておりますので、その頃には上京していたことが確認されます。加えて大同四年八月二十四日付の、伝教大師の書簡が空海にむかって発せられており、『大日経略摂念誦随行法』など十二部の経論の借請の手紙が弟子経珍によってもたらされています。

ともかく、空海に当時の仏教界から最初にコンタクトをもったのが、後に平安仏教を二分する一方の旗頭の伝教大師であったことは重要でありましょう。後に、弘仁元年（八一〇）十月二十七日の高雄山寺における鎮護国家のための修法、東大寺別当職の就任、翌年の十一月九日には乙訓寺《おとくにでら》の別当に任ぜられるという動きのなかで、何回かの文通が重ねられていたでありましょう。そのような折、伝教大師が奈良の興福寺において行なわれた維摩会に出席の帰途、乙訓寺に空海をたずねたようであります。伝教大師の弟子の光定が師の行動を記した『伝述一心戒文』に、

長岡乙国の寺に海阿闍梨あり、先師相語りて彼寺に一宿す。先ず大師、海大師面と交ること稍久し、灌頂の事を発す。

『伝教大師全集』巻一・五二九頁

とあるところより、明らかであります。平安仏教を代表する二つの精神が出会った、そして一夜を熱く語りあったのであります。後の書簡で、

顕教一乗は公にあらざれば伝えず。秘密仏蔵は唯だ我が誓うところなり。彼此、法を守って談話に遑あらず。不謂の志、いずれの日にか忘れん

とあるごとく、〃不謂の志〃とは、かたい約束ということで、共に平安仏教をになってゆくことを誓いあったことが想像されるのであります。

空海の生涯にとって、伝教大師の存在は、はかりしれない意味があり、お互いに競いあって各々を高めていったにちがいありません。

(12) 勤《ごん》操《ぞう》大《だい》徳《とく》 奈良仏教の長老

空海が仏教への出発を宣言したのは、二十四歳の時であり、それも最初の著作である『三教指帰』においてでありました。それより入唐する延暦二三年（八〇四）の三十一歳の時まで、確実に仏教の世界にいたことは考えられるのですが、歴史の上に空海の名を見ることはありません。植物の花は、種子から根がはってゆく土中のなかの生活にすべての可能性を準備するものだといわれますが、空海のご生涯を考えますと、不明な歴史のなかに埋没していた時期を、後のまことに充実した求道の生涯をもって逆投影してみますと、この不明な、いってみれば土中の生活のいかに厚く、そして重いものであったかがうかがえるというものです。

さて、空海は『三教指帰』の序文において

阿国大滝嶽《あこくたいりょうのたけ》に躋《のぼ》り攀《よ》ぢ、土州室戸崎《としゅうむろとのさき》に勤念《ごんねん》す

とのべているように、四国の地を中心として修行のあけくれであったようであります。さらには、仏教の学問的な研鑽については、奈良を中心として行っていたようであり、例によって『性霊集』を拝見いたしますと、勤操《ごんそう》（七五八―八二七）・護命（七五〇―八三四）・玄賓（――八

一八）などとの人びととの交流がうかびあがってまいります。

護命は、元興寺の学匠で南都の僧綱の代表的な人物であり、天台宗の伝教大師最澄とは奈良仏教を代表して渡り合った人物であります。

玄賓は、河内の人で興福寺において法相宗を学び、三輪山に住した人で、大僧都に補せられたが辞して、中国地方に伝道におもむいた方であります。

さて、ここで取り上げてみたいと思います勤操大徳について述べることにいたしましょう。

『性霊集』第十巻に「故贈僧正勤操大徳影の讃・幷に序」というものがあります。この文は、天長五年（八二八）四月十三日、三論宗の勤操大徳の一周忌を迎えるにあたって、弟子達が師の影像を造り、そこに讃詩と序とを付すことを依頼され、執筆されたものであります。

その中に勤操大徳の略伝が記されておりますので、それを紹介しておきましょう。

勤操（七五八—八二七）大徳は、三論宗の学匠であること。俗姓は秦氏、すなわち朝鮮からの帰化人の一族であります。父は早くなくなり、母は島の庄、今の奈良県高市郡の生まれであったようです。勤操は十二歳で大安寺の信霊大徳により、景雲四年（七七〇）の秋の宮中及び山階寺における一千人の僧の得度に加えられ出家をしました。二十歳の時、具足戒を受け、三論宗の善議（七二九—八一二）大徳について学び、十余年にわたりました。善議大徳は、道慈律師（—七七四）の弟子で、道慈律師は智蔵という方の弟子であります。智蔵という方は、呉国の人で来日し、法隆寺に住し、三論宗を宣伝したことが知られています。道慈律師は、大和の人で智蔵について学び、後入唐をはたし、主に三論宗を学び、密教の善無畏三蔵（六三七―七三五）についても学んだ方であり、帰国して大安寺に住し、三論宗の学匠として活躍された方でありました。

このように、勤操大徳は、善無畏三蔵について密教をも学んだ入唐僧であり、道慈律師を師として生長した方であったことを、充分に意識する必要があろうと思います。

弘仁四年（八一三）、勤操は律師に任ぜられ、宮中の大極殿で『最勝王経』を講じ、紫雲殿では論議の座主として活躍をし、奈良仏教の代表的な人物として有名となり、嵯峨天皇から少僧都、淳和天皇から大僧都に任ぜられ、東寺・西寺の造別当の要職にもおされたようであります。

空海が勤操大徳の生涯をつづってゆく過程で、〝公〟と云って勤操大徳の人物評を述べているところがありますが、空海の心の琴線にふれたことがらであったようです。

十六にして閑寂を渇慕して（山林の静かなところで修行することを心から願望し）、囂塵《ごうじん》を厭悪《いんお》す（やかましい俗なところを強くいとう）。ついに忘帰の思（故郷に帰ることを忘れて）を懐いて南嶽の窟に躋《のぼ》る（泉州の槇尾山に入った）。

（『性霊集』巻十）

さらには、

公、篋《はこ》を毗《び》訶《か》の中に鼓《たた》いて（僧院において学問に専念し）、念を巌藪《がんそう》の裏に摂《おさ》む（山や藪の中に坐禅して瞑想にふける）。

また、

公、智あって弁なり、恭にして謙なり。

公、位弥《いよいよ》高くして、志逾《いよいよ》下れり。

このようにならべてみますと、空海自身の生涯となんと共通することがあることでしょうか。

さらに文中に、空海は勤操大徳との関係をのべ、

貧道、公と蘭膠《らんこう》（交りのうるわしくかたいさま）なること春秋すでに久し（多年にわたっている）。弘仁七年孟秋《あき》、もろもろの名僧を率いて、高雄の金剛道場において、三昧耶戒を授け、両部の灌頂に沐す。

と云っています。ようするに、勤操大徳との交遊は深く長いこと、そして、あの有名な高雄の灌頂に参加してもいると云うのであります。

また、勤操大徳のよってたつところの三論宗と密教との関係については、

況んやまた、祖宗はこれ一にして法派は昆季《こんき》なり

と云い、宗祖は三論も密教も同じく竜樹菩薩であるということ、さらには、法派とは法の支流、即ち弟子も三論宗は竜樹の弟子の提婆《だいば》がひろめ、密教も同じく竜樹の弟子の竜智《りゅうち》がひろめたとして、兄弟宗派であることを強調しております。

ここで少しく『性霊集』の文章を離れて考えてみることがあるようです。それは、勤操大徳と槙尾山のことであります。槙尾山は、大阪府和泉市にある槙尾山仙薬院施福寺のことで、西国三十三観音第四番札所でもあります。前述の紹介のところでありましたように、勤操は十六歳のときに槙尾山に入ったことが記されております。空海も当山とは因縁があり、一説には、二十歳の折、槙尾山において勤操について沙弥戒を受けたといわれております。

さらに、空海が困難な入唐求法を終えて日本に帰り、暫時筑紫の大宰府に滞在することになるのですが、その三年後、京都の高雄山寺に居を定めるまでの間は、槙尾山に滞在していたことが明らかであることです。

また、極めて最近のこと、空海のものとおもわれる『御請来目録』の草稿本が発見されたという報告があったことです。

ようするに、勤操大徳を空海のそばに配置してみますと、空海が『三教指帰』を著し、仏教への出発を宣言しましたのが二十四歳といたしますと、勤操大徳はちょうど四十歳ということになります。そして、勤操の師の道慈律師は入唐僧であり、密教の善無畏三蔵について学んでこられた方であったことは、勤操大徳を通して充分に密教にふれる機会があったことが考えられることであります。また、槙尾山にかかわる関係、すなわち一説としていわれる剃髪の主であるところの勤操大徳、そして三論宗と密教との兄弟関係の強調、また、入唐から帰国直後のかかれた『請来目録』草稿本の発見など、勤操大徳との人間的な共感や高雄灌頂への参加をも考えてみますと、奈良仏教を土壌として生長した空海の存在が鮮明になってまいります。いや、勤操大徳という人物を養分として開花した空海の世界を考えることができます。

⒀ 和《わ》気《け（の）》朝臣《あそん》 拠点の提供者

空海が、初めて密教僧として日本仏教界に登場したのは、かの有名な高雄山神護寺において行なわれました灌頂《かんじょう》であったと云うことができるでしょう。灌頂とは、阿闍梨が弟子に、真言密教の究極の世界を伝えるための儀式であります。

弘仁三年（八一二）、空海は、十一月十五日には金剛界、十二月十四日には胎蔵界の灌頂を行なったようであります。特に十一月十五日に行なわれた、金剛界の灌頂についての出席名簿とも云うべき「灌頂暦名」に、

弘仁三年十一月十五日高雄山寺において金剛界灌頂を受くる人人暦名
釈最澄因
播磨大緑和気
真綱金宝
大学大允和気
仲世喜

美濃種人宝

（『拾遺雑集』）

とあります。最初の灌頂には、わずかに四人が預かることができ、一ヶ月後に行なわれた胎蔵灌頂には、一百四十五人の人々が入壇をとげました。

さて、最初の灌頂には、天台宗の開祖である伝教大師とともに、和気真綱《わけのまつな》・和気仲世《なかよ》の名が見えます。ここでは、和気朝臣として、この和気家の人々と空海との関係を少しく考えてみたいと思います。

空海が唐から帰国したのが大同元年（八〇六）十月のこと。早速に、請来した経典などの目録をもって朝廷に報告したのが十月二十二日のことでありました。後、大同四年（八〇九）八月二十四日付の伝教大師の書状で、和泉槙尾《まきのお》山寺にとどまっている空海の消息を知ることになります。

弘仁元年（八一〇）九月、薬子《くすこ》の乱がおこり、薬子が服毒自殺して平定することになりますが、乱も鎮まった十月二十七日、空海は「国家の奉為《おんため》に修法を請うる表」を奏上して、十一月一日より七日間修法をしたことが知られております。その修法をした道場は、高雄山寺だったようであります。

その高雄山寺こそが、和気氏が深くかかわりを持っていた寺でありました。京都北山の奥、紅葉の名所として有名な高雄山神護寺は、市バスの高雄で下車し、一度清滝川に下り、朱塗りの橋を対岸に渡ると、急な石段を上り始め、やがて山門に導かれます。下から見上げる山門がとても感じがよく、門をくぐると広々とした平地に足を入れ、先方上に諸堂がうかがえます。右方に石段をあがると金堂、本尊は国宝の薬師如来です。寺域は清浄とし、背後には深い山をせおっており、すばらしい雰囲気の境内に立ってみると、空海がとどまっていた頃そのままのように思えます。

空海は、山上の納涼房において、次のような詩文を艸しておられます。

雲蒸《む》して（雲がわきあがって）壑《たに》浅きに似たり　雷《らい》渡って（空には雷が走り渡って）空地のごとし　颯颯《さつさつ》（風が吹きわたり）として風房に満ち　祁祁《きき》として（雨が盛んに降り）雨飇《かぜ》（暴風）に伴う　天光（日の光）暗くして色なく　楼月（高楼から見る月）待てども至り難し　魑魅《ちび》（山の神や宅の神）媚《こ》びて人を殺す　夜深けて寐《い》ぬること能わず

『性霊集』第一

とあるのがそれであります。実に高雄の山容を述べて、あますところがありません。

このような高雄山寺は、いつ開創されたのかは不明のようであります。ただ当時荒廃していたこの寺の復興を志したのが平安京の造宮大夫であった和気清麻呂で、息子の和気広世《ひろよ》・真綱にそのことを託したのでありました。

その後、広世・真綱らの努力によって再興されました高雄山寺において、比叡山において篭山修行なされていた最澄をむかえて天台法門の講演が行なわれましたのが延暦二十一年（八〇二）の正月のことでありました。この二年後、最澄は入唐求法の旅に出発することになります。その旅には空海も共に出発することになるわけであります。帰国した最澄は、高雄山寺におきまして、わが国最初の灌頂を、広世の協力によって行なうことができたようであります。

しかし、のちに帰国した空海のもたらした密教に比べて不備であったことから、同じ高雄山寺において弟子の礼をとり、真綱・仲世らと再び灌頂を受けることになるわけであります。それは弘仁三年（八一二）十一月のことであります。

このように、和気氏は、広世・真綱が、伝教大師最澄を外護し、広世が世を去った後には、真綱・仲世が空海を外護するというように、平安仏教を代表する二人の領袖に協力をおしまなかったことは、日本仏教史上においてこの和気氏の存在はもっと重要視されなければならないでありましょう。

空海が和気氏の人々と接点を持ったのは、まずは伝教大師のご推輓《すいばん》があったにちがいないと思います。空海の最初の灌頂に共に名を連ねていることからも、うなずけるでありましょう。当時の最高の智識人二人を外護した和気氏も当時の最も有能な政治家であり文化人であったわけで、例えば広世は、一族の子弟教育に力を入れ、「弘文院」を建てたのでありますが、それはわが国最初の私学であります。後に、空海が「綜芸種智院《しゅげいしゅちいん》」という総合大学を建て運営してゆくのも、この弘文院の刺激を受けたことなのではなかろうかと推察されます。

『性霊集』巻八に収められている、「弟子の僧真体、亡妹の七七の斎《とき》を設け、并に伝燈料田を奉入するための願文」という文によりますと、天長三年（八二六）十月八日の日付で、土左《とさ》の国久満・田村庄、美作《みまさか》国佐良庄、但馬国針谷の田等を神護寺の伝法料に奉入するということが記されております。これは、和気氏の出であり空海の弟子、真体と名のる僧が、亡妹の七七日忌の供養に捧げたもののようであります。

この文は、弟子の真体の発願に応じられた空海が艸されたもので、

想えば、亡妹和気朝臣《あそん》の氏、牝卦《ひか》（柔順）性を陶し、柔気（柔和）身を治《や》す。天地の覆載《ふうさい》（父付の養育）早く嬰孩《えいがい》の年（幼少のころ）に露《あら》わる。恃怙《しこ》の懐哺《かいほ》（父母のはぐくみ）速かに匍匐《ほふく》の歯《よわい》（はらばいの頃）に孤なり。冀《ねが》ふところは四徳（言・徳・功・容のすぐれた婦人の徳）を母儀に崇めむことを。何ぞ図《はか》らん、三泉（地下）を夭死に穸《せき》せむとは。嗚呼《ああ》、哀な

るかな、悲しいかな、奈何《いかが》せむ、真体等、連枝（兄妹）の半《なかば》枯れたるを悲しび、同気（兄妹）の一休《ひとり》することを痛む。涙《なんだ》朝露と与《とも》にして泣泫《きゅうげん》（流れ落ち）し、心晨《あした》の霜と将《とも》して消竭（消えつきた）す。日月遄《はや》く流れて七七たちまちに臨む。

（『性霊集』第八）

この文によってうかがうことができることは、前述したように、発願をした真体とは、和気氏の出身だったことが明らかで、その妹の七七日忌の供養に空海が手を貸していることでありますす。そして、和気氏として、その供養にたいし、前に掲げました荘園の一部が伝法料として神護寺に寄進されているということであります。

残念ながら、弟子真体の伝歴については不明であります。空海の新弟子は、多く〝真〟の字を与えておりまして、十大弟子の一人であった真済（八〇〇〜八六〇）などは、神護寺の第二世となった方でありますし、真境・真栄・真矣などの名を見ることができます。

また、真体の亡妹に云われている事柄でありますが、父母が早くに亡くなり、また兄妹の半数を失って悲しんでいますのに、さらに残りの妹をまたここに失う悲しみ、ということが見えていますから、空海に協力した和気氏の真綱や、仲世の兄弟につらなる人ではなかったろうかと思われますこのように、和気朝臣は、空海が唐から帰られて後の神護寺を起点としますます活躍から、高野山開創・東寺の運営など、生涯を通じた外護者であったことがわかります。

⒁ 杲《ごう》隣《りん》 年長の同行者

空海が入唐し、そして帰国し、やがて京都に入住し、高雄山寺に居を定めましたのが大同四年（八〇九）の七月頃と推察されます。大師三十六歳の時でありました。年号が弘仁とかわり、その三年の十一月十五日に有名な金剛界結縁灌頂、次いで十二月の十四日に胎蔵界結縁灌頂が開壇され、当時の仏教界に大きな第一歩をふみだしたわけであります。

このことは、実に真言教団の存在を内外に知らしめることでもあり、教団としての組織をかためる必要にもせまられたにちがいありません。その間の事情をうかがうことができる資料と云いますと、『性霊集』巻第九におさめられております「高雄山寺に三綱を択び任ずるの書」というものであります。その前文は次のようなものです。

それ仏法を護持することは、必ず綱維（のり）による。衆徒を和合することは、誠にその人を待つ。この故に妙徳（文殊）は菩薩の座首（上首）たり、遍覚《へんがく》（玄奘三蔵〈六〇〇～六六四〉の諡号）はすなわち慈恩《じおん》（唐代に長安の都にあった寺）の上綱たり。これすなわち法を護り人を利するの雅致《がち》（おもむき）なり。今この高雄の伽藍《がらん》には未だ三綱（寺院を経営するための三役）を補《ほ》せず、護持するに人なし。緇林《しりん》鬱茂《うつぼ》（僧侶がたくさんいること）にして近童（在家信者とその小僧）駢羅《へんら》（多数いる）たり。指車によらずんば、誰か暁暮を知らん。

とあります。ようするに、早く高雄山寺側において、灌頂に集まる多くの人々にたいし、どのように対応していったらよいのか、という緊急な課題に応じて、三人の弟子の名を掲げることになります。その内の一人が、ここで取り上げました杲隣《ごうりん》という人であります。

ここに名を連《つら》ねる三人の弟子は、禅師杲隣・芯蒭《びしゅ》（比丘）実慧《じちえ》（七八五〜八四七）・僧智泉《ちせん》（七八九〜八二五）であります。実慧は佐伯の出身であり。智泉は大師の姉の子であり共に空海と姻戚関係にある人々であることは注意すべきでありましょう。

さて、この三人を択んだ理由は、「近くは衆の簡《えら》びにしたがい、遠くは渤駄《ぼだ》（仏陀）の遺訓に応じ」たと述べておられる。さらに、杲隣という人物を、その法名にことよせて、

杲《ごう》とは雲霧（無明）を大虚（法性）に除き、光明を法界に満つ。隣《りん》とは徳を法雲（菩薩の深い境地）の震宮（東宮）に養って、位を大日の覚殿（大日如来の三摩地）に紹《つ》ぐ。名この徳を含めり、実まさに合契（符合）すべし。

とて、すぐれた人物であることを内外に示され、「人みな共に瞻《み》、上下同じく譲《ゆず》る」とあるごとく、弟子達の一致した同意によるものであったことがわかります。杲隣禅師が補された〝上座〟

という任は、実慧が摩摩帝《ままてい》（mamati）、すなわち寺主。智泉が羯磨陀那《こんまだな》（karmadana）、すなわち都維那《ついな》のことで、僧衆の雑事を司る役でありますから、高雄山寺の全てを統一して監督する、具体的に云うならば、結縁灌頂という重要な儀式をも含めて、それら全ての運営の責任者であったであろうことが考察されます。

空海から禅師杲隣とよばれ、重要視されたこの人物は、残念ながらその伝歴は不祥であります。ただ、後の承和四年（八三七）四月五日に実慧大徳が東寺定額僧五十口を減じて二十五口に奏定した折に杲隣について世壽七十一、臘卅一と記してあることから、その生まれは、神護景雲元年（七六七）となります。そうであるならば、空海より七歳も年長者であったことがわかります。さらに、僧となってからの年次が卅一とありますから、その出家は大同二年（八〇七）となり、空海が唐より帰朝し、筑紫の大宰府に滞在してより、京都に入住するまでの間と云うことになります。杲隣は南都において法相・三論の二宗をきわめたと云われており、推察するに空海がそうであったごとく私度僧として東大寺に在ったようであります。そのように考えますと、空海と杲隣との出会いは、むろん空海の入唐以前となり、『三教指帰』を著述して、入唐までの不明なる時期に同じ私度僧としての交渉があったのではなかろうかと考えられるのです。

空海は、最初の著述である『三教指帰』の序文において、一人の沙門との出会いによって虚空蔵聞持の法を授けられ、その実修をかさねるという方法によって仏教の世界に転進していったことを述べておられる。いわゆる学問仏教の研鑽者として出発してはいなかったわけでありまして、そのことが仏教の中でもとりわけ実修を大切にする密教に関心がむいたのは当然なことであったと云わなければなりません。むろん密教的な要素は奈良仏教の中にもようやく濃厚となってきていたわけで、それらを担った人々は、東大寺や興福寺などの学僧達というよりは、その周辺に展開していた僧や、あるいは私度僧のように、まったく自由な宗教者達であったことが想像され、空海や、杲隣達もそれらの世界の一員であったのではなかっただろうか。

たとえば、行基（六六六〜七四九）菩薩の存在をだぶらせて考えてみたいと思います。むろんのこと行基の遷化と空海の生誕は三十年ほどはなれているのですから直接に会うことはなかったにちがいありませんが、弟子を率いて諸国を遊化し、池を掘り堤を築き、そして橋を架《か》け路を修したとされる行基の事績は、実践をとおとぶ空海にとって充分に意識されていたにちがいありません。それは空海の社会事業家としての世界にかさなるものであると云えましょう。

行基は後になって東大寺大仏殿の建立に大きな働きをするわけですが、そのような民衆の中にいて、学問もあり、実践家でもあった宗教者の一人として空海も、そして杲隣もいたにちがいありません。そして、その面において両者の関係は師と弟子というよりは、同行者としての確認があったのでもありましょう。

そのような背景が、「人みなともに瞻、上下同じく譲る」として杲隣が高雄山寺の上座に推挙されるゆえんであったのでありましょう。

後に杲隣は伊豆の走湯山を開き、その初祖となったようであり、真言密教を関東方面に拡げる端緒をも担うことになったのであります。

空海の修行時代に、優秀な同志の存在を認めたいと思います。山野を跋渉《ばっしょう》するような修行には、必ず同行の士がいたにちがいありません。そして、その一人が杲隣であったとしても不思議ではありません。空海は幸いにも入唐をはたし、真言密教という教えに出会い、多くの資料をもたらし、そして今や、その真言密教を内外に示す絶好の機会である高雄山寺の結縁灌頂が多くの人々を集め行なわれようとしております。杲隣はそれに協力をおしまなかったはずです。真言教団の創世期にあたり、重要な人物の一人として空海によって認められたのも当然であったことでしょう。

⒂ 実《じち》恵《え》　教団の後継者

空海が高野山上に御入定された後、真言宗団の最高責任者として渾身の活躍をされた方が、ここに取り上げる実恵（七八五―八四七）大徳であります。二十五ヶ条からなる『御遺告』のなかに

実恵大徳を以て吾が滅度之後に、諸の弟子の依師長者となすべき縁起第二。夫れ以んみれば吾が道の興然たることは、専ら此の大徳の信力なり

（『弘大全』第二輯七八八頁）

とあることから明らかであります。

実恵大徳は、延暦五年（七八六）の誕生で、出身地は讃岐国の多度津《たどつ》、姓は佐伯氏とされており、空海とは、同郷・同姓の十二歳ほど若い後輩ということになります。ですから、郷土の大先輩であった空海との出会いも当然なことであったはずです。はじめ儒学を学び、やがて南都に上京して大安寺の泰基僧正（伝不祥）について、唯識・法相という仏教基礎学を学び、三論学をも身につけ、十九歳の頃（二十二歳説もあり）に、東大寺の戒壇院において受戒、正式な僧侶と

なったようであります。

一方、空海は、南都遊学から、やがて仏教との出会いをとげ、修行者の道に入ってから、三十一歳に入唐するまでの七年半ほどの間において、おそらく、この二人は出会っているにちがいありません。空海の入唐のための舟出を見おくった一人でもあったであろうと思います。

さて、帰朝した空海は、やがて高雄山寺に居を移して、かの有名な高雄灌頂を行うことになる。その対応のために、高雄山寺に三役をおくことになり、その一つである摩摩帝、即ち寺主、堂塔の造営や管理をする役に任命されたのが、この実恵大徳であります。空海は、実恵を評して、

芯蒭（比丘）実慧を擢《ぬき》んでて（抜擢《ばってき》）、摩摩帝（寺主）に除任す。いわゆる実《じち》とは虚を棄て偽を掃うの義、慧《え》とは愚を剪《き》り暗を破するの称なり。実相の三昧に遊んで金剛の妙慧を証す。この徳ここにあり、名を省《かえり》みるに理に会えり。衆の心共に許す、余もまた印可（証明）す。

（『性霊集』第九）

とありますように、大師は実恵にたいして絶大なる信頼をよせていたようであります。

それは、弘仁二年（八一一）六月二十七日の記のある文書、即ち、「劉希夷が集を書して献納する表」、に

謹んで弟子の僧実恵を遣わして謹んで状に随えて奉進せしむ。

（『性霊集』第四）

とありますように、空海が唐から持参したところの、劉希夷の詩文集四巻の書写本・王昌齢が詩の格一巻・貞元の英傑の六言の詩三巻・飛白の書一巻を、嵯峨天皇に献上する使者を実恵がつとめていることでも明白でありましょう。

下って弘仁七年（八一八）六月十九日の記のある嵯峨天皇宛の文書によって知ることができるわけでありますが、空海の生涯にとって最も重要な事業でありました高野山開創をめぐってのことであります。

伏して惟《おもんみ》れば、わが朝歴代の皇帝、心を仏法に留めたまえり。金刹銀台（荘麗な伽藍や僧坊）、櫛《くし》のごとくに朝野に比《なら》び。義を談ずる竜象、寺毎に林を成ず。法の興隆ここにおいて足んぬ。但だ恨むらくは、高山深嶺に四禅（禅定を修する）の客乏しく、幽藪窮巌《ゆうそうきゅうがん》に入定の賓希《まれ》なり。実《まこと》にこれ禅教未だ伝わらず、住処相応せざるの致すところなり。今、禅経の説に准ずるに、深山平地、尤《もっと》も修禅に宜し。空海少年の日、好んで山水を渉覧して、吉野より南に行くこと一日、更に西に向って去ること両日程にして、平原の幽地あり。名づけて高野という。計るに紀伊国伊都郡《いとのごおり》の南に当れり。四面高嶺にして人蹤蹊《じんしょうみち》絶えたり。今思わく、上は国家の奉為《おんため》に、下は諸の修行者のために、荒藪《こうそう》を芟《き》り夷《たいら》げて、聊《いささ》か修禅の一院を建立せんと。

（『性霊集』第九）

この文によって、空海は少年の頃すでに高野山を知っていたことになりますし。その山上に禅院を建立しようと考えていたことは、同日に発せられた、主殿寮次官の職にある布勢海宛の書簡に、

空海、大唐より還る時、数々《しばしば》漂蕩《ひょうとう》に遇いて、聊《いささ》か一の少願を発す。帰朝の日、必ず諸天の威光を増益《ぞうやく》し、国界を擁護《ようご》し、衆生を利済せんが為に、一の禅院を建立し、法によって修行せん。願わくば、善神護念して、早く本岸に達せしめよと。神明昧《くら》からず、平《たいら》かに本朝に帰る。日月流るるがごとくにして忽ち一紀（十二年）を経たり。もしこの願いを遂げずんば、恐らくは神祇を誑《あざむ》かん。

（『高野雑筆集』第上）

ようするに、空海が入唐からの帰途において、暴風雨の舟上に発した少願を、高野山上に実現しようとしているのであります。

この願いは、弘仁七年（八一六）七月八日付で、官符をもって紀伊の国司に下され、いよいよ

高野山開創が一歩をふみだすことになるわけであります。

やがて、紀伊の大伴氏宛に、次のような書簡を発しております。

今法によりて修禅の一院を建立せんと思欲う。彼の国高野の原、尤も教旨に允《かな》えり。ゆえに表を修めて情を陳ぶ。天恩允許《いんきょ》して符を下したまい訖んぬ。これをもって一両の草庵《そうあん》を造立せんがために、しばらく弟子の僧泰範《たいはん》、実慧《じちえ》等を差して彼の処に発向せしむ。

（『高野雑筆集』第上）

とあるように、実慧を高野山上に草庵を造るために先発させていますが、空海の意をくんで粉骨砕身している実慧の姿を見ることができます。

このように、空海がもっとも信頼をよせていた弟子が、この実慧大徳であったことが明らかです。

空海が承和二年（八三五）三月二十一日に、高野山上に御入定された後に、実慧は東寺の第二世となり、空海なき後の真言教団を統轄することになります。

空海御入定後に、同学の真済・真然の二人が入唐を希望し、それがほどなく勅許されることになりました。実恵は、真言教団の責任者として、その二人に、空海の師であった恵果和尚の墓前に、空海の入滅を知らせ、青龍寺の僧侶達に種々な供養のための品々を託してもいるのであります。しかし、残念なことにこの二人の入唐は失敗に終ってしまったようであります。それは、翌年になって円行という弟子の入唐を願い出て、その円行の入唐によってかなえられることになります。

また空海のもっとも有名な対外的な活動でありました綜合大学とも云うべき綜芸種智院のことについて、大師入定後において維持に困難をきたし、それを閉校し、その経済的な基礎をもって東寺の内に伝法会を開設して、真言宗の教学研究にふりむけたことがありましだが、そのことも一切にわたって実恵が行ったことのようであります。

⒃ 智《ち》泉《せん》 夭折の愛弟子

弟子の智泉が天長二年（八二五）二月十四日、高野山上で三十七歳の生涯をとじられました。空海が五十二歳のときのことであります。智泉は、空海の十大弟子の一人で、真言宗の揺藍期《ようらんき》に空海を助けた重要な人物の一人であります。『性霊集』第八に、その智泉の死をいたんだ空海の文章がありますので、それによりつつ考えてゆきたいと思います。

この文章は、おそらく智泉の死後まもなくとりおこなわれた葬儀において、空海ご自身によって読みあげられたものにちがいありません。

念《おもん》みれば亡せし我が法化《ほうけ》（弟子）金剛の子（密教の弟子）智泉は、俗家には我を舅《きゅう》（しうと）といい、道に入ってはすなわち長子（一番初めの弟子）なり。孝心あって吾に事うること、今に二紀《き》（二十四年）。恭敬《くぎょう》して法を稟《う》く、両部（金剛・胎蔵の教え）遺《のこ》すことなし。口密《くみつ》に非なし（言葉をつつしむ）、豈《あ》に唯《た》だ嗣宗《しそう》（人の過失を論じなかった）が言《ものい》わざるのみならんや。怒《いかり》をまた移さず（怒りを顔にあらわさなかった）、誰か顔子《がんし》（孔子の弟子で学を好み、怒ることがなかった人物）が弐《ふたたび》せざることを論ぜん。斗藪《とそう》と同和《どうわ》（修行のときも家にいるときも）と、王宮と山巌《さんがく》（王宮に伺候する時も山中の修行のときも）と、影のごとくに随って離れず。股肱《ここう》（家来）のごとくして相従う。吾れ飢れば汝もまた飢う。吾れ楽しめば汝も共に楽しむ。いわゆる孔門の回愚《かいぐ》（顔回）、釈家《しゃくけ》の慶賢《きょうけん》（アーナンダ・阿難《あなん》尊者）、汝すなわちこれに当れり。冀《ねが》うところは百年の遺輪《いりん》を転じて（百年の長寿をたもって私の教えを転じてもらいたい）、三密（密教の教えによって）を長夜に驚かさんことを。豈《あ》に図《はか》らんや、棺槨《かんかく》（ひつぎ）を吾が車に請うて、慟《いた》みあることを吾が懐《おもい》に感ぜしめんとは。哀《あわれ》なるかな、哀なるかな、哀なる中の哀なり。悲しいかな、悲しいかな、悲が中の悲なり。覚《さとり》の朝には夢虎《ぼうこ》（人生の憂楽は夢のごとく）なく、悟《さと》りの日には幻象《げんぞう》（人生の憂楽は幻のごとく）なしというといえども、しかれどもなお夢夜の別れ不覚の涙《なみだ》に忍びず。巨壑半渡《きょがくなかばわた》って（修行の大海を半ばまで渡って）片檝《へんしう》（一本のかじ）たちまちに折れ、大虚《たいこ》未だ凌《しの》がざるに（六道の大空を未だ渡りきらないのに）一翎《れい》（片羽）たちまちに摧《くだ》く。哀なるかな、哀なるかな、また哀なるかな、悲しいかな、悲しいかな、重ねて悲しいかな。

（『性霊集』第八）

もはや、これで充分でありましょう。空海が最愛の弟子を失った悲しみの心が、聞く者に切々と伝わってきます。そこに集まった弟子達の心をゆさぶったにちがいありません。空海の深い悲しみの心が、今、私が読んでも感動にうちふるえます。

文の中に、智泉は第一番の弟子であると云い、「孝心あって吾れに事うること、今に二紀」、即ち二十四年と述べていることに注目してみましょう。

智泉の死が天長二年（八二五）であり、そこから逆算しますと、延暦二十年（八〇一）となります。そういたしますと、空海が入唐いたしましたのは延暦二十二年（八〇三）ですから、智泉は、大師が入唐する以前から弟子であったことが考えられます。文中の「二紀」ということを、それほど正確に数えないとしましても、大師が帰朝してすぐに弟子となったことは充分にありうると思います。

また、「俗家には我を舅《きゅう》といい」とあることですが、空海から云えば甥となり、どうもはっきりした根拠はないのですが、昔から次のように位置づけられている様であります。すなわち

佐伯直田公
- 男―？
- 女―智泉の母
- 空海
- 真雅
- 女―天台僧円珍の母
- 男―真然の父

ようするに、智泉は、空海の姉の子と云うことになります。

さらに、智泉の人物評について、怒りをあらわにせず、言葉に慎しみをもった人であったようであり、修行の時も、王宮に参内する時でも、影のごとくに空海にしたがって行動し、飢う時も共に飢う、楽しむ時も共に楽しむがごとく、一心同体の師と弟子であったようであります。

空海の生涯において、最も華々しく、そして重要な事柄をあげろと云えば、高雄灌頂《たかおかんじょう》ではなかろうか。空海にとっては、それが立教開宗ともいうべき意味があろうかと思うからです。

弘仁三年（八一二）十一月十五日に金剛界灌頂、四人。十二月十四日に胎蔵灌頂、一百四十五人。弘仁四年三月六日に金剛界の伝法灌頂、五人の僧と十三人の沙弥に対して行なわれました。これは、空海の記録である「灌頂記《かんじょうき》」にもとづく数字であって、実際はそれ以後も度々おこなわれていたと考えられます。このように灌頂のために多数の人々が高雄山寺に登嶺したのでありますから、空海側でも、それに対応するために多くの人数を必要としたはずであります。

「高雄山寺に三綱を択び任ずるの書」（性霊集九）によりますと、山内に集まった大衆を指導するために、寺衆を統率する人（上座）・堂塔を管理する人（寺主）・寺の日常の諸事を指揮する人（都維那《ついな》）の三役をきめたようであり、その都維那に、智泉が任命されました。時に二十三歳のことでありました。これら弟子達の協力で空海は、この高雄灌頂を成功させ、将来への足掛りとなったようです。
この二十三歳の智泉に宛た、伝教大師最澄（七六七〜八二二）の手紙が二通残っておりますので紹介いたしましょう。

薯蕷《しょよ》二十余根
薯蕷子《しょよし》二籠
右、軽乏少なりといえども至志に勝《た》えず。以て丹心（まごころ）を表す。不宣。和南《わなん》
十二月四日
法弟最澄状上泉法兄法左
法弟は凡夫の一虫なり。幸いに惟《ただ》永く法兄となして泉兄の房を掃《はら》わん。謹空
「傳教大師消息」（『傳教大師全集』巻五　四四六頁）

署預とは山芋のこと、そして小芋を二籠ということでしょう。法弟たる私は、貴方（智泉）を法兄とあおぎ、礼のまことを尽くしたい由を述べております。もう一通ありますのであげてみましょう。

且《しば》し進上す

署預一籠　三宝に供する料

署預子二籠　一籠は三宝に供する料　一籠は阿闍梨に供する料

海藻子二籠　阿闍梨に供する料

糖二小瓮　一瓮は三宝に供する料　一瓮は阿闍梨に供する料

右の物、且らく奉上す。最澄、今、進むる種々の物等を取り集めて参向す。来月十日を以て阿闍梨の大慈悲を蒙り、大悲胎蔵ならびに金剛界の壇場に参入して、員外の御弟子の列とならんと欲す。伏して乞う法兄、好しく大阿闍梨に聞せしめよ。仏法を住持せんと欲す。頂謁《ちょうえつ》遠からざれば、状を修《つく》ろうこと多くせず。不具。謹んで状す。

十一月十三日

最澄状上智泉法兄座下

「傳教大師消息」(『傳教大師全集』巻五　四六一頁)

これら二通の書簡によっても、空海の高弟の一人としての年若き智泉に対し、相当の敬意が払われていることがわかるでありましょう。それも、実に日常的な、山芋・海草・糖などのおくりものを通してあるだけに、ただ空海の弟子の一人というよりは、空海の日常にかかわる人物として親しみをもっていた様子がうかがわれます。

智泉という人は、空海の真言宗開創の初期において、空海の手足となって働いたお方であろうと思います。それも二十歳代の初めにおいて、弘法大師空海と伝教大師最澄という平安仏教をになった二人の巨人にかかわりを持ったことは、大いなる幸せであったろうと思います。

そして、空海によってこよなく愛されたお方であったと思います。

⒄　泰《たい》　範《はん》　傳教大師との間でゆれた弟子

空海十大弟子の一人であります泰範（七七八～八三七…）は、もともとは伝教大師の優秀なお弟子でありましたが、後に空海の弟子となり活躍された方であります。

空海が、天台僧泰範と出会ったのは、師である伝教大師より密教の勉強のために空海のもとに派遣されたことによります。

伝教大師は、自分が学んだ密教の不充分さを感じ、空海の学んだ長安の密教に大きな興味をおぼえたようであります。伝教大師は早く帰国し、延暦二十四年九月に高雄山寺に我が国最初の灌頂壇を開かれました。大同元年（八〇六）十月に帰国された空海は、十二月二十三日付けで請来された経論等の目録を朝廷に提出されました。すなわち『御請来目録』といわれるものがそれでありあります。その目録にもとづいて、伝教大師は空海にたいし、数々弟子を使者にたてて経論の借覧を申しこんでおられます。このような接触を通して、交流がはかられ、いよいよ両者が出会うことになります。

伝教大師の弟子光定は、『伝述一心戒文』に、そのことを長岡乙国の寺に海阿闍梨（空海）あり、先師（最澄）相語りて、かの寺に一宿す。先の大師（最澄）と海大師（空海）と面を交えること稍久し。灌頂の事を発す。

（『伝大全』第一輯、五二九頁）

としるしております。このことは、伝教大師から泰範にむかって発せられた手紙にも書かれております。

比叡山の老僧最澄　敬って白《もう》す

受法灌頂すべき事

右、最澄、去月二十七日、頭陀の次《ついで》をもって乙訓寺に宿し、空海阿闍梨に頂謁す。教海慇《きょうかいいん》懃《ぎん》たり。具《とも》にその三部の尊像を示され、また曼荼羅（両界現図マンダラ）を見せしむ。倶に高雄に期す。

とあります。

すなわち、伝教大師は奈良の興福寺における維摩会に列するついでに、乙訓寺に住している空海を尋ね、一泊し、灌頂のことを依頼し、こころよく約束をとりつけたことがわかります。続く文面によって、その後のあわただしい対応がわかります。

最澄、先に高雄山寺に向う。同月二十九日をもって、阿闍梨（空海）永く乙訓寺を辞し、永く高雄山寺に住す。すなわち、告げていわく、空海生年四十、期命尽くべし。是をもって仏を念ぜんがための故に、この山寺に住す。東西することを欲せず。宜しく持するところの真言の法、最澄闍梨に付属すべし、惟《おも》うに、早速に、今年の内に付法を受取せよ云々、と。その許すところを計るに、諸仏の加《よみ》するところなり。来る十二月十日をもって、受法の日と定め已畢《おわ》る云々。伏して乞う、大同法、求法の故に早く叡山に赴き、今月その調度を備《ととの》え、今月二十七日をもって高雄山寺に向かえ。努力《ゆめ》、努力《ゆめ》、わが大同法、忍留まることなかれ。

と。高雄山寺における空海による灌頂には、伝教大師の強い願いによって、弟子達も積極的に参加させることが意図されているようであります。灌頂は、来る十二月十日、高雄山寺に於ておこなわれることが知らされ、今月二十七日に高雄山寺に登嶺《とうれい》されたいとの意志がつたえられています。この手紙は、弘仁三年十一月五日の記があり、

高島旅同法範闍梨座前

と、宛名が記されています。そして、さらに次の文が附記されています。

もし有縁の同法にして当来の因を結ぶとならば、各々粮《ろう》（食糧）を持して上り来れ。灌頂の料物は各々力に随わんのみ、

とあり、食糧を各々持参し、供養料も分に応じて献ずることをしなさいと注意しています。弟子の泰範は、宛名でもわかりますように、当時は近江の高島に身をおいていたことがわかります。このことを推察するのに、年次を欠く次のような手紙があります。

此頃、寺に犯悩繁々《しばしば》多く、諸房の近事、童子、諸師は恨《うらみ》を懐《だ》いて壮言す云云。法兄は未だ委曲を知らずして、指南せざることを願う。また兄が心、伏して惟《おみ》みるに、小しく労《うれ》うるに似たり。乞う、深志を匿《とく》せざらんことを。また形迹《けいじゃく》せざれ。心を一にして志を聞くは、更に誰ぞや。冥護を加え、法を住持し、貧道を相助けよ。努力《ゆめ》、努力《ゆめ》、他縁することなかれ。

と。これによれば、泰範は、比叡山寺の内紛が原因で下山していたことがわかります。ともかく、その下山していった泰範にたいし、空海の高雄山における灌頂に共に参加しようとするよびかけをしていることが明らかでありましょう。

事実として、空海の灌頂の記録ともいうべき「灌頂歴名」には、

弘仁三年十二月十四日高雄山寺において胎蔵灌頂を受くる人人歴名

として、一百四十五人の中の大僧衆数二十二人のなかに

元興寺
泰範
般若

と見ることができます。そして、三という番号がメモされています。先の手紙では十二月十日に行われるはずであったのが四日のびたことがあきらかであります。また、沙弥衆数三十八人のなかに

泰範師従人
福勝
金降三世

ともありますから、従人もともに灌頂壇にのぼったようであります。さらに、弘仁四年三月六日の灌頂におきましても、

僧五
泰範師護

と、その五人の内の最初に名が見えます。

以上のように、泰範は伝教大師の弟子でありましたが、比叡山寺の内紛が原因、それがどのようなものでありましたか不明ですが、山を下り、叡山より離脱していたのであります。その彼に伝教大師からの呼び掛けがありまして、空海との出会いが行われたことになるわけであります。

その後の、弘仁三年十二月二十三日の記のある伝教大師からの手紙は、
辞後甚だ寒し。伏して惟《おもん》みれば道体安和ならん。最澄免《ゆるし》を蒙り、倶に山に登る。恙《つつが》なきや。これ護念するのみ。然して法華儀軌、深く室下に憑《よ》る。伏して乞う。この道を学得して、永く後葉に伝えん。これ深く望むところなり。謹んで善財等に附して状《しる》す、不宣、謹んで状す。

とありますから、灌頂終了後も空海のもとで「法華儀軌」の学習をおこなうことを要請しております。さらに、弘仁四年十一月二十五日の記のある手紙にも、空海のもとにおいて勉強しているると思われる泰範の様子がうかがえます。

ここに弘仁七年五月一日に発せられた伝教大師から泰範にあてた手紙があります。

老僧最澄、生年五十、生涯久しからず。住持未だ定まらず。同法は見を各《こと》にして、六和都《すべ》てなし。独り一乗を荷《にな》いて俗間に流連す。ただ恨《うら》むらくは、闍梨と別居することのみ。……また高雄の灌頂には、志を同じくして道を求め、倶《とも》に仏慧を期せしに、何ぞ図らん、闍梨は永く本願に背きて、久しく別所に住せんとは。

と。この文面から、かつて弟子であった泰範が、いまや別の道を歩みだしたことについての責めと、もどってきてほしいことの心がのべられております。高雄山の灌頂以来、はや四年間も

別々に生活していたことが、この文面でわかります。この弘仁七年の手紙が泰範にとどけられ、早く比叡山に帰ることがうながされておりますが、このことについて、泰範は返事を出します。不思議にも空海の代筆でありました。

泰範言《もう》す、伏して今月（五月）一日の誨《おしえ》を奉《うけたまわ》って、一たびは悚《おのの》き、一たびは慰《なぐさ》む。兼ねて十茶を貺《おく》ることを蒙って喜荷《きか》するに地《ところ》なし。

（『性霊集』第十）

と最初にあります。伝教大師の書は、まさしく弘仁七年五月一日発でありますし文中の十茶とは、

茶十斤、以て遠志を表す、

ということに対応いたします。また、伝教大師の言葉として記されている

共に生死に住して衆生を荷負《かふ》し、同じく四方に遊んで天台宗を宣揚せん

とありますのは、泰範宛の手紙の

深き縁あらば倶に生死に住して、同じく群生を負わん。来春の節を以て東遊して頭陀し、次第に南遊し、更に西遊北遊し、永く叡山に入りて生涯の去来を待たん

に相応いたしますし、

法華一乗と真言一乗と何の優劣かある

とありますのは、そのままの文

法華一乗と真言一乗と何ぞ優劣あらんや

を見ることができるでありましょう。特に、法華一乗と真言一乗とに優劣なしということに関して、「敢えて管見を陳ぶ」とて、

法応の仏、差なきことを得ず。顕密の教、何んぞ浅深なからん

すなわち、法身仏と応身仏との差があり、顕教と密教との浅深の差別があるのである、と否定し。

法智の両仏、自他の二受、顕密説を別《こと》んじ、権実隔《へだたり》あり

また、法身仏と智身（報身）、自受用身と他受用身、これは密教の教えと顕教の教主の説かれた教えに差があるのは当然のことでありましょう。そして、

真言の醍醐に耽執《たんしゅう》して、未だ随他の薬を噉嘗《たんしょう》するに遑《いとま》あらず

すなわち、真言密教に執着してしまって、顕教の薬をいまだに服用できないでおります。といういいかたは、少しく皮肉に聞こえるではありませんか、

この手紙をさかいとして、泰範は完全に空海の側の人となったようであります。

泰範は、最初期の真言教団に重要な働きをした方であり。特に高野山開創には他の弟子実慧と共に労苦をおしまなかったようであります。

伝教大師と弘法大師という平安仏教の代表的な人物のあいだにあって法を求めた泰範は、幸福であったと思います。そして、また苦汁にみちたものでもあったのでしょう。

(18) 中璟　かばった南部の不良僧

中璟という人物、はたして空海の弟子の一人であったかどうか不明です。さらに、中璟自身の伝記も不明なのですから、ここに取り上げることも、あるいは疑問かもしれません。

しかし、ここで取り上げようと思った点は、『性霊集』巻第四に収められておりますところの「僧中璟が罪を赦されむことを請ふ表」という一文の存在からであります。その内容からして、中璟という人物、僧侶にあるまじき行為をし、空海は彼をかばって釈明の文章を艸しているからです。

その文の末尾には

弘仁五年閏七月廿六日　某上表

とあり、大師四十一歳の時に書かれたもののようであります。中璟は、大同二年八月廿一日の「東大寺南第二倉公文卜行帳」（正倉文書）には、「従儀師　中璟」とあり、南都の元興寺の僧であった人のようです。この人と空海とがどのように出会い、どのようにかかわって生きたのかは不明であります。

しかし、何らかの罪を犯した中璟のために、その罪のゆるしを請う文を艸し、それを朝廷に提出したことは、空海とこの中璟とは、深い関係にあったのではないかと想像できます。ただ、弘仁三年十二月十四日に高雄山寺において行われました胎蔵灌頂の、大僧衆二十二人の内、四人が元興寺にかかわる人びとであり、その四人のなかに〝円璟〟という名前の僧が記されており、あるいは中璟とは兄弟の関係にあったのではなかろうか。あるいは、中璟は別会の灌頂壇において空海から法を授かった一人なのかもしれません。この二十二人のなかでは、元興寺の四人が多く、東大寺が三人、興福寺が三人、他に大安寺二人、それに西大寺、山階寺、他に不明が八人の僧名を認めることができます。

さて、中璟という人物は、どのような罪をおかしたのでしょうか。文をあげてみましょう。

伏して見れば元興寺の僧傳燈法師位中璟は、戒行を護らず、国典（国家の法典）を慎《つつし》まず。身、掘川《くっせん》に役《やく》すべし（罪人としての懲役に服す）。竊《ひそ》かに其の罪過《ざいか》を尋ぬれば死しても餘りの辜《つみ》有り。その犯贓《ぼんぞう》（犯罪）を論ずればすなわち砕《くだ》きてもなお未だ飽かず。ただ一己の身を亡し、名を喪《うしな》うのみにあらず。抑々《そもそも》また仏法を汚穢《おえ》し、王制《おうせい》を違越《いおつ》す。「下愚《げぐ》は移《うつ》らず（いかに教育してもどうしようもない）」というは蓋《けだ》しこの謂いか。

（『性霊集』巻四）

と、実にきびしい言葉をつらねてあります。しかし、これまでの文では、罪のその内容にまでたちいたっていないようであります。次につづく文章において、やや具体的な事柄が述べられておりますので、それから想像いたすよりしようがないようです。

すなわち、

いわんやまた、大樹仙人、迹を曲城《こくじょう》に廻らし、慶喜道者、悩を鄧家《とうけ》に被る。往古の賢人なおまた未だ免れず。濁世の凡夫あに愆《あやまち》なきことを得んや。

とあります。空海は、ここに二つの例を出しておられます。

(1) 大樹仙人、迹を曲城に廻らし

(2) 慶喜道者、悩を鄧家に被る

の二つであります。(1)のことについて考察をめぐらしてみましょう。この話は、『大唐西域記』第五に記載されているものであります。大樹仙人ほどの行いのすぐれた人も、曲女城の王宮の美女を見て、世間の欲望に迷ってしまった、ということであります。(2)のことについては、『摩登伽経』に記載されているものであります。慶喜道とは、釈尊の弟子の阿難尊者（アーナンダ）のことで、これもやはり女性に誘惑された仏弟子の話であります。

ようするに、中璟という人の罪とは、女性問題であったということが推測されます。このようなことから、ラブレターを宮女に送ってそれが発見されたものである、という説がおこなわれていますが、空海の文章からは憶測の域をでないものであります。

ともかく、空海はこの中璟の事件については、ただ単に歎願書を代筆したという程度のものではなかったようで、

空海、此の事を聞きしより、腹《はらわた》廻り、魂《たましい》飛ぶ。口、食味を忘れ、心、安禅ならず。

とありますように、非常になやみ、そして苦しまれた空海の様子がうかがえます。

これほどまでに思われた中璟という人物、乏しい資料からの推理をゆるしていただきながら、もう少し考察してみることにいたしたいと思います。

中璟という人は、元興寺の僧であったことは、すでに述べたとおりであります。そして、高雄灌頂の二十二人の大僧衆のなかに四人もの元興寺所属の僧侶がいたこと、さらにその中に〝円璟〟という人物もいたことを注意いたしました。そして、この円璟と中璟とは、あるいは兄弟子の関係にあったのではなかろうか、と考察してみました。

さて、この元興寺という寺に少しく注目してみたいと思います。元興寺は、現在でも奈良市芝新屋町十二に存在しております。

日本に最初に創建された寺といえば、飛鳥寺（法興寺）であります。崇峻元年（五八八）に蘇

我馬子が発願し、十年ほどの工期によって完成されたようであります。この寺は、飛鳥寺のほかに、法興寺や元興寺、安居院《あんごいん》ともよばれて、歴史をかさねてゆきます。やがて都が平安京に移され、聖武天皇の発願によって造立された東大寺を中心とし、北寺系の興福寺に対し、南寺系の元興寺は、法相教学や三論の研究がさかんな大寺としての位置をしめていたようであります。

ここに一つの問題があります。それは、大師のもっとも大きな著作といえば、かの有名な『秘密曼荼羅十住心論』であります。その最初に

天の恩詔を奉《うけたまわ》りて、秘義を述ぶ、群眠の自心に迷えるを驚覚して、平等に本四曼の入我我入の荘厳の徳を顕證せしめん。

とあります。最初の〃天の恩詔を奉りて秘義を述ぶ〃という、本書執筆の動機を注目して下さい。また、同趣旨を述べる『秘蔵宝鑰』の序文にも、

われ、今、詔を蒙って十住を撰す

とありますように、天皇の要請によって自宗の立場を鮮明にする、という目的によって執筆されたようであります。このような天皇の要請は、空海のみにむけられたのではなく、他の人びとにも同じようになされたようであります。空海と同時代の人びとの種々な立場からの著作が提出

されたことは明らかです。それを、六本宗書といいます。すなわち、

一、十住心論十巻　真言宗空海
一、華厳一乗開心論六巻　華厳宗普機
一、三論宗大義鈔四巻　三論宗玄叡
一、戒律傳來記三巻　律宗豊安
一、天台宗義集一巻　天台宗義真
一、大乗法相研神章五巻　法相宗護命

であります。この内、全部が残っているのは、『十住心論』と、護命の『大乗法相研神章』のみであり、特に、護命の書の序文には、提出した日時が、

干時天長七年歳次庚戌建巳之月也

と記されており、天長七年（八三〇）四月のことであったことがわかります。それによって、空海の『十住心論』執筆の日時が明らかになってまいります。大師は、五十七歳だったことがわかります。

さらに、もう一つの問題があります。『性霊集』巻第十に、「暮秋に元興の僧正大徳の八十を賀

する詩　并に序」という文章があります。末尾に
　天長六年九月二十三日
の記がありますから、空海が、『十住心論』を執筆して天皇に奉る前年のことであります。ここに〝元興の僧正大徳〟とよばれる方は、護命（七五〇～八三四）僧正であります。法相宗の学匠の一人であり、前述したごとく空海と共に自己のよって立つ教学的立場を論述し天皇に提出した一人であります。この文から推察いたしますと、八十歳のお祝いを二三の仲間としたことがわかります。

　この故に郷飲上歯（長老を尊び飲酒の礼をすること）の礼を取って大士供尊の義を仰ぐ。いささか二三子とともに茶湯の淡会《たんかい》を設け、醍醐《だいご》の淳集《じゅんしゅう》を期す。

とのべられているので、明らかでしょう。
このように、元興寺との交流がさかんであった空海にとって、元興寺僧中璟が罪を得て、今や罰せられようとしていることは、大きな苦しみであったにちがいありません。
　このように元興寺にかかわる人びととの交流がなかなかに親密であったことから、空海が入唐する以前に、奈良仏教の、それも特に元興寺とおおいに関係をもっていたのではなかったかと推

測されるわけです。ですから、中璟にかかわる空海のお気持も、よほど深いものであったにちがいありません。あるいは、長老の護命僧正からの内々の依頼によって、中璟のための歎願書執筆というはこびとなったのかもしれません。

空海は、天台宗の伝教大師最澄が、南都の仏教とおおいに対立したのに比べて、なかなかにうまくたちまわったかのごとくいう人がおりますが、空海は、その青年期において南都仏教の方々とおおいに親密関係にあったことを前提として考えてみる必要があると思います。空海の体系づけられました真言密教の教学は、南都の仏教であります法相・三論・華厳などという立場を大きくくるんで独自の密教を主張したもので、ある場合には基底のところにまでたちいたって批判していることもしております。

⒆　三上部《みかみべ(の)》信満《のぶみつ》　空海の書簡の使者

『性霊集』巻四に、「劉廷芝《りゅうていし》が集を書して奉献する表」という文章がおさめられております。残念ながら、この文書には、書かれた日時が記されておりませんが、同じ巻のなかに、「劉《りゅう》希夷《きい》が集を書して献納する表」があり、おそらく同じ時期に書かれたもののようであります。この文書には幸いにも

弘仁二年六月二十七日

という記がありますので、それらから、どうやら空海の三十九歳頃に発せられたもののようであります。劉希夷は、字を廷芝と名のっていた人物であり、劉希夷も、劉廷芝も同一人物の名であります。

この二つの文書は、その名称から「奉献表」と、「献納表」というように略称いたしたいと思います。

「献納表」は、その最初に

劉希夷が集四巻、本を副えたり

とありますので、詩集四巻に写本を一本添えて献上したことが考えられます。「奉献表」は、

箋紙《せんし》の上に劉廷芝が集　四巻

とあり、その文中に

本および様の詩共に五巻、副えてもって奉進す

とありますから、やはり全五巻を献上したようであります。ようするに、劉廷芝の集の四巻と、その写本一巻を献上したということであります。「献納表」では、

伏して小内記大伴氏が上宣を奉《うけたまわ》って書取して奉進す。ただ恐らくは久しく揮翰《きかん》を韜《つつ》んで筆意に勝《かな》わず。強いて書して空しく珍紙を汗すことを免れざることを。

（『性霊集』第四）

とありますように、小内記大伴某氏という官吏が勅命によって書写するところであったが、なかなかにできないため、久しく筆を揮《ふる》うことを中止していた私なのでなかなかに上手に書けないのですが、天皇から賜った紙に汗を流しつつ、書きあげたものであります、というごとき文でありましょう。「奉献表」にも同じ意味のことが記されております。

先日の命に随って書き得て奉進す。山窟に好筆なきに縁って、再三諮《とぶら》い索《もと》むるに閴然《げきぜん》として応なし。弱翰をもって強いて書す。

（『性霊集』第四）

と。すなわち、先般来の勅命によって書きあげ奉進いたします。高雄山寺には好筆がないので、再三にわたって問い求めても答えがまったくありません。ここに腰の弱い筆をもって努力をして書き上げました、ということき意味となりましょう。この二つの文書は、共に嵯峨天皇に提出されたもので、「献納書」では、

謹んで弟子の僧実恵《じちえ》を遣《つか》わして謹んで状に随えて奉進せしむ。

とあり。「奉献表」では、

謹んで勅して三上部信満をもって奉進せしむ。

とあり、この両書の使者となった人物が、相違しているのであります。前表の使者となった実恵（七八六〜八四七）は、空海の高弟の一人で、あまりにも有名でありますが、三上部信満という使者は、その伝が不祥であります。ともかく、この人物、空海が天皇への使者としているところから、あるいは空海の在俗の信者の一人であったのではなかろうか。

『高野雑筆集』巻上、に次のような書簡があります。

前に尊体の乖和《くわいわ》（身体の不調）なりと承《うけたま》わる。爾《しか》しより来《このか》た、諸の弟子等と与《とも》に、昼夜精

誠して祈願す。未だ損否を審にせず。深くもって労とす。法力不思議なり。寧《いず》んぞ輔《ふ》度《ど》（たすけ救う）せざらんや。謹んで三上部信満を遣《つかわ》して消息を取らしむ。謹んで状を奉《うけたまわ》る。不宣。謹んで状《しる》す。

この書簡は、宛名不明、年月日不明でありますが、某人の病気平癒を祈り、その安否をたずねた書状を、三上部信満に託しているものでありましょう。

他のもう一通の書簡にも、

厶甲《それがし》頓首《とんしゅ》、信満《のぶみつ》至る。厶甲《それがし》伏して凶諱《きょうき》（人の死の知らせ）を奉わる。乍《たちま》ち聞いて擗踊《へきよう》し、火を呑《の》みて屠裂《とれつ》す。

（『高野雑筆集』巻上）

とあります。信満という人物が、人の死の知らせをもたらしたようであります。

弘仁六年（八一五）正月十九日、空海四十二歳の時の書簡に、「渤海国の王孝廉宛」のものがあります。

信満至る。辱《かたじけな》くも一封の書状及び一章の新詩を枉《まげ》らる。これを翫《なら》び、これを誦し、口手倦《う》まず。

（『高野雑筆集』巻下）

とあります。王孝廉《おうこうれん》を大使とする渤海使の一行が、弘仁五年（八一四）十一月九日に、出雲に到着して、弘仁六年（八一五）三月十日に離京したのでありますから、五か月間の日本滞在ということになります。

このごろ消息を取らんと欲するに、信満遅く来るによって、交参すること能わず。悵悵《しょうちょう》（失意のこころ）何ぞ言わん。未だ審《いぶか》し、早晩《いっか》発帰すべきや。

とありますので、使者の来るのが遅かったので、王孝廉の帰るまでに京に上れないことで残念に思う、と述べており、信満をつかわして、いつ頃、本国へ帰還するかと問うているのであります。

三上部信満という人物、空海の使者として活躍したのであります。その他に、使者として葛生、賢聡、真泉、安太等の名が見えますが、残念ながら、この人たちの伝はいずれも不祥でありますす。このほか「弟子の僧康守《こうしゅ》」などは、会津の徳一菩薩や下野の広智禅師に使者として派遣されてもおります。

どうやら、空海には、遠方にまで歩き空海の意志を伝達する一群の弟子達がいたようであります。なかでも、三上部信満は、天皇や渤海の大使に書状を持参した人物として注目しておかなければなりません。

京都から高野山へは、二泊三日の行程だそうであります。空海の意を体して多くの人びとが、その行程を歩いたでしょうし、もっと遠方にも歩をはこんだ、そのようなことを考えてみますと、使者の役をもって書簡に登場します人びとにことさらに親しみをおぼえます。

⑳ 嵯《さ》峨《が》天《てん》皇《のう》　文化の共有者

空海が唐から帰朝されたのが大同元年（八〇六）十月でありました。その時は、平城天皇の御世でありましたが、入唐以前は長く桓武帝でした。そして、空海が帰朝し、やっと活躍の場を高雄山寺に得た時には、嵯峨天皇の時代となりました。空海が三十六歳の時にあたります。次の淳和天皇が即位されたのが弘仁十四年（八二三）の四月のことでありますので、空海が三十六歳から五十歳までの最も充実した時期に、空海と嵯峨天皇とが交遊をもったということになります。ましして、嵯峨帝が譲位したのが、空海五十歳の春であり、その一月に、東寺を空海に給領されていることを考えあわせますと、空海にとって嵯峨帝の存在は、大変に重要なものであったことが想像されます。

まず、嵯峨帝から大舎人《おおとねり》山背豊継《やましろとよつぐ》を使者として劉《りゅう》義慶《ぎけい》が撰説した『世説』という書の一文を屏風に書いてほしいとの依頼がよせられ、それに答えて献上しているのであります。これは大同四年十月四日の上表文とされており、まさしく空海三十六歳の時ということになります。

さらに翌年の弘仁六年（八一〇）には、嵯峨天皇が桓武帝の皇子である伊予親王と母の藤原吉子の菩提のために、檀像の造刻を発願されておられる。

伏して惟みれば、皇帝陛下（嵯峨天皇）、允《まこと》に仁、允に慈にして含弘光大なり。または智、または文にして、道義これ親しむ。このゆえに故中務卿親王、および故夫人藤原氏の為に、敬んで檀の釈迦牟尼仏の像一軀、観世音菩薩の像一軀、虚空蔵菩薩の像一軀を造り刻む。

（『性霊集』第六）

とあります。さらには、金銀の泥をもって四大忿怒王の像四軀、四摂八供養八大天王の像等を画き、各々種子曼荼羅を副えたもので、まことに盛大な法会をいとなんだ様です。

さらに、弘仁二年（八一一）六月二十七日には

劉希夷《りゅうきい》が集四巻、本（写本）を副えたり

王昌齢が詩の格一巻

貞元《ていげん》の英傑の六言《りくげん》の詩三巻

飛白の書一巻

を献上し、

さらに弘仁二年（八一一）八月には

徳宗皇帝の真跡一巻

欧陽詢が真跡一首
張誼が真跡一巻
大王諸舎の帖一首
不空三蔵の碑一首
岸和尚の碑一鋪
徐侍郎が宝林寺の詩一巻
釈の令起が八分の書一帖
謂之が行草一巻
鳥獣の飛白一巻
さらには、
牋紙《せんし》の上に劉廷芝《りゅうていし》が集四巻
弘仁三年六月七日には、
狸毛の筆四管
真書一
行書一

草書一
写書一
弘仁三年七月二十九日には、
急就章一巻
王昌齢が集一巻
雑詩集四巻
朱書の詩一巻
朱千乗が詩一巻
雑文一巻
王智章が詩一巻
讃一巻
詔勅一巻
訳経図記一巻
とあります。これらは、在唐のみぎりに蒐集されたもので、空海はそれを惜しむことなく天皇に献上している。

新帰朝者空海と、英邁《えいまい》なる若き天皇との交遊は、もっぱら唐の文化についてのそれであったかのように想像されますが、やがてもっと深く空海の全人格を通しての交流にまで拡大していったにちがいありません。

弘仁五年（八一四）三月には、

内舎人布勢海《ふせのあま》至って聖旨を奉宣して、空海に一百屯の綿を恩捨し、兼て七言の詩一篇を賜う

（『性霊集』第三）

とあり、こんどは嵯峨帝から空海に〝一百屯の綿〟が下付されたようであります。さらに、それに附して七言の詩一篇がそえられておりました、「綿を贈り空法師に寄す」というのがそれです。

間僧久住雲中嶺　　僧に問う　久しく雲中の嶺に住す
遥想深山春尚寒　　遥かに想う　深山の春尚《な》を寒し
松柏斜知甚静黙　　松柏斜にして甚だ静黙なると知る
烟霞不レ解幾年飡　　烟霞は解けずして幾年か飡《くら》う
禅関近日消息断　　禅関して近日に消息を断つ
京邑如今花柳寛　　京邑は今《この》ごろ花柳寛がわり
菩薩莫レ嫌此軽贈　　菩薩嫌うこと莫れ　此の軽贈を

為レ救二施者世間難一　施者の世間の難を救うためなり

『凌雲集』（『群書類従』第八　四五六上）

とあります。

また、同年七月八日には、

梵字悉曇字母幷に釈義一巻

古今文字讃三巻

古今篆隷《てんれい》の文体一巻

梁の武帝の草書の評一巻

王右軍が蘭亭《らんてい》の碑一巻

曇一律師の碑銘一巻草書

大広智三蔵の影の讃一巻

（『性霊集』第四）

を、やはり嵯峨帝に献上しているのであります。

このような詩文の往復は、嵯峨天皇の勅命によって編纂された漢詩集『凌雲集《りょううんしゅう》』の存在をぬきにしては考えられません。編者は小野岑守《みねもり》で、空海とも交遊をもっていた方であります。『凌雲集』の内容は、延暦元年（七八二）から弘仁五年（八一四）までの詩を集め、作者二三人、詩数九〇首がおさめられており、その内に嵯峨天皇の二二首、小野岑守の一三首などが数えられ、弘仁五年に成立したといわれております。空海もむろんのこと『凌雲集』編纂のかたわらにおり、おしげもなく自分の知識を提供したにちがいありません。

当時の最高の知識人として、嵯峨帝と空海は、相互《たがい》に認めあい、たかめあったのでありましょう。

しかし、嵯峨天皇の時代は、その即位した大同四年（八〇九）の九月には、藤原薬子・仲成の乱がおこり、必ずしも安穏ではなかった様であります。空海は、十一月一日に国家のために高雄山寺において修法を行っておられます。「国家の奉為《おんため》に修法せんと請う表」によれば、

その将来するところの経法の中に、仁王経・守護国界主経・仏母明王経等の念誦の法門あり。仏、国王のために特にこの経を説きたもう。七難を摧滅し、四時を調和し、国を護り、家を護り、己を安んじ、他を安んず。この道の秘妙の典なり。空海、師の授《さずけ》を得たりといえどもいまだ練行すること能わず。

伏して望むらくは国家の奉為《おんため》に諸の弟子等を率《ひき》いて、高雄の三門において来月一日より起首して法力の成就に至るまで、かつは教え、かつは修せん。

であったようであります。
（『性霊集』第四）

とあります。長安城には、城中城外に鎮国念誦の道場を建て、四海を安じていることによるもの

我を覆い我を載するは仁王の天地（嵯峨天皇の治めておられる天と地）なり。目を開き、耳を開くは（入唐求道をゆるし唐の文化に私の目と耳とを開かしめたのは）聖帝の医王（仏陀にも比すべき桓武帝）なり。報いんと欲し、答せんと欲するに極まりなく際なし。
（『性霊集』第四）

とも述べております。人心の混乱にむけた、大師のすばやい動きとして注目されましょう。嵯峨帝も充分に空海の意図を受取ったことでしょう。

嵯峨帝の時代、ようするに空海三十六歳から五十歳までは最も充実した活動を展開した時で、まず、高雄山寺での灌頂開壇が三十九歳。密教経典の流布運動や、高野山開創のための上表文の提出が四十三歳。高弟の実慧や泰範らが高野山開創に着手。『広付法伝』の執筆が四十六歳。『文鏡秘府論』という詩論を発表したのが四十八歳。東大寺に真言院を建立したのが四十九歳。そして、東寺を嵯峨帝より給領されたのが五十歳のことであった。このように空海の生涯のうち、最

も盛んな時代が嵯峨天皇のそれであったことは、空海が出会った人びとのなかでも最も重要なものであったことが考えられましょう。

(21) 徳《とく》一《いっ》菩《ぼ》薩《さつ》

南部の教学対立者

徳一という名の僧がいました。空海よりは十数歳の年長で、ほぼ七六〇年頃の生まれであったようであります。

空海が奈良・京・四国など西の地方の人であったのですが、徳一という方は、東の地方で活躍した僧でありました。その足跡は、筑波山寺（中禅寺）・磐梯恵日寺・会津勝常寺等の開基としてのこされ、会津地方を中心として大きな働きをなされた僧であったようです。そのかかわった寺は五十ヶ寺近くあり、尊崇して徳一菩薩と呼ばれておりました。それだけ全国的に知れわたっていた人物であったようです。

徳一は、南都の興福寺や東大寺にかかわっていた学僧であり、鎌倉時代に編纂された歴史書には、「東大寺徳一」と記されております。

徳一菩薩というと、普通は、空海と同時代に活躍した傳教大師最澄（七六七～八二二）とのかかわりのなかで述べられることの多い人物であります。徳一は東大寺等の南都仏教の立場から、最澄は天台学の立場からの論争が展開するのですが、なかなかに深い学識の持ち主であったことが推察されるのです。このことの詳細な論述は、ここでの中心ではありませんので割愛しておきたいと思います。

問題の人物、徳一菩薩にたいして空海は手紙を送っており、その手紙を通して、徳一という人物と空海とのかかわりを少しく考えてみたいと思います。それは、『高野雑筆集』巻上におさめられている、陸州の徳一宛の弘仁六年（八一五）四月五日の記がある手紙がそれであります。それは、『性霊集』巻九の「諸の有縁の衆を勧めて秘密の法蔵を写し奉るべき文」とかかわるものであって、この文章にも、「弘仁六年四月一日」の記がありますから、まあ同じ頃に書かれた手紙であるにちがいありません。弘仁六年といいますと、空海四十二歳の時であります。それでは、ここでその問題の徳一菩薩にあてて出された手紙を紹介してみましょう。（試みに現代訳をあげてみます）。

カシャパ・マータンガというインドの僧が、中国に仏教を伝えなかったならば、中国の人びとは仏教を知ることができなかったのであり、中国の呉の人で康僧会《こうそうえ》（〜二八〇）という僧が南京に仏教を伝えることがなかったならば、呉の人びとは仏教を知ることができなかったでありましょう。

聞きおよんでおります。徳一菩薩は、戒律をたもち、その行動は氷玉のごとくに清浄であり、智慧の深いことは、大海のごとくで、そして澄みわたっておられますことを。修行のために京を離れ、錫杖を振って東国におもむかれました。東国にはじめて仏教の旗をなびかせ、人びとの耳、目を開き、大いに法を説いて万人がおのずとそなえている仏心をふるい起こさせました。ああ、仏陀の月にもたとえられる徳一菩薩の慈悲の心は、そこに水があれば必ず影をあらわし。徳一菩薩の教化の心は、いたらないところがまったくないのであります。尊いことであります。尊いことであります。

空海、大唐に入って学習してまいりました秘密の教えは、それらを学ぶための経典がいまだに多くありません。よって、秘密の教えを広く伝えることができないでおります。よって、ここに多くの人びとのご助力によって秘密の教えをのべる経典を多く書写して、世間に秘密の教えを高く弘くかかげようと念願しております。このゆえに、弟子の康守を差しつかわします。どうぞお願い申し上げます。右のごとき事情をご賢察賜わり、私の秘密の教えをひろめようとする願いをとげられますことを。甚だ幸せなことよ、甚だ幸せなことよ。詳しい趣旨は別紙にのべてあります。ああ、私と徳一菩薩とは遠く隔たっていて、雲と樹木とのごとく密なる交わりもかないませんが、親密なる交わりを誰がのぞまないことがありましょうか。時折は、風雲によせてお便りをいただきたいものと思っております。ここに謹んで書簡をたてまつります。充分に意を尽くしませんが。

沙門空海　状したてまつる　四月五日

陸州徳一菩薩　法前　謹空

名香一裹、物は軽し、されど心は重し。誠意のあるところをおくみとり下さいますよう。

（『高野雑筆集』巻上）

とあります。もう一つ、『高野雑筆集』巻上にある万徳菩薩宛の書状も紹介しておきたいと思います。

如来の悲願は、すべての人びとにゆきわたり、菩薩の応現は、すべての処にあまねし。お聞きするところによれば、万徳菩薩は東国地方に往かれ、法をひろめ、人びとの教化につとめておられるとか。このことを聞くにつけて心に深い感動をおぼえずにはおれません。私、大唐にわたって学習してまいりました秘密の教えにつき、いまだ密教経典が少なく、久しくその教えの宣布に不自由いたしております云々

（『高野雑筆集』巻上）

とあります。

この二つの手紙から、空海が密教経典写経キャンペーンを展開し、大いに密教を宣布しようと

して、東国地方において活躍しているいる徳一菩薩にその協力を要請されているということが明らかであります。そして、さらに、そのキャンペーンの要旨は、前に掲げた『性霊集』巻九所収の「諸の有縁の衆を勧めて秘密の法蔵を写し奉るべき文」において述べられていることは、手紙の中に〝くわしい趣旨は別紙にのべてあります（委曲、別に載す）〟とあるので明らかであります。

さて、空海のキャンペーンの趣旨については、他日に述べることにいたしまして、主題の徳一菩薩について考察を加えてみることにいたしましょう。まず、徳一という人物にたいして、

陸州徳一菩薩

と記していることであります。陸州とは常陸のことで、常州とも記されますが、いうところの福島県、会津ということであるにちがいありません。そして、そのとなりの磐城や下野地方にもかかわるものでありましょう。そういえば、『高野雑筆集』巻上に、「下野の広智禅師」宛にも同趣旨の書簡が送られております。

すなわち、徳一菩薩は常陸の人であります。そして、都から東国に移っていった人であることです。おそらく、若年の時は都にいて学問―東大寺や興福寺など―をし、後に東国におもむいたことは確実なことであるようです。学者の推定では、恐らく二十歳代に東国におもむいており、この手紙が空海から出されたのは、徳一が東国に行ってから、かなりの年数がたっていたことが

考えられます。そして、その徳一の存在が京にまで知れわたっていたようです。そして、大きな勢力を持っていたことが想像されます。

また、文章の中に「斗藪して京を離れ、錫を振って東に往く」とあり、徳一が東国地方におもむいた理由が少しく考察されます。〝斗藪して〟の斗藪とは、ドゥータ（頭陀）のことで、斗藪《とそう》行脚《あんぎゃ》というと、乞食をしつつ修行の旅をすることの意味で、俗塵を離れること、ようするに修行のために東国に移住した、ということが考えられます。その他に、もっと理由があったにちがいありませんが、よくわかりません。

会津というところは、京からは遠隔の地であります。東は磐梯山と猪苗代湖。西は朝日・飯豊連峰。南は日光の山々。北は吾妻連山にかこまれた、大きな盆地で、行ってみますと、京都の町に似ている条件をそなえていることがわかります。そして、遠隔の地であるにもかかわらず、仏教は奈良時代の末ないし平安時代のごく初期には伝えられていたことが考えられ、平泉の藤原家の文化に先立って存在していた東国仏教の象徴的な存在が徳一菩薩ということになるわけであります。

徳一は、傅教大師最澄との論争の相手ですが、平安仏教をになって登場した最澄、空海、即ち天台宗、真言宗にたいし、南都仏教の法相学を背景として正面からむきあった人物であったわけです。

さきにあげた手紙は、大師から徳一菩薩にむかって密教経典写経の依頼をした、いんぎんなものでありましたが、徳一菩薩は空海にたいして、その教学への疑問を呈示した『真言宗未決文』を著述しております。これは大変に厳しいものであります。真言密教の教学の中心的な課題であります、即身成仏・五智・毘盧遮那仏等の十一箇條の疑問を述べたもので空海の著作の内、それらの疑問に対応したものがあります。例えば、『付法伝』という密教の系譜を論じたものがありますが、それです。

ともかく、十数歳の年長者であった徳一との出会いは、現存している空海の資料のなかからは、弟子を使者にたてて遠く会津の徳一菩薩に依頼の書簡を送ったにとどまりますが、空海が同時代人として徳一と出会っていることは、重要であります。

(22) 真《しん》 済《ぜい》 書簡集の編纂者

真済《しんぜい》（八〇〇～八六〇）は、空海の高弟で二十六歳若く、弘仁末年から天長年間にかけておよそ二十年間師事していた人であります。ようするに空海の後半生の弟子の一人であったようです。

真済は十五歳以後に空海に師事したことが考えられ、二十六歳のときに両部の伝法潅頂を受け、密教を学び、空海の信任も厚いすぐれた学匠として活躍しました。それは、空海の最初の拠点となりました高雄山神護寺の空海のあとをうけて第二世となっておりますし、密教の経典儀軌を研究し、空海の多くの著作を補って『高雄口訣』という書述をのこされております。そして、さらに承和三年（八三六）には、兄弟弟子の真然と共に遣唐使船に乗って入唐をくわだてております。この入唐の計画は暴風雨にあい失敗してしまいましたが、もし成功していたらその後の真言教団の様子もかわっていったにちがいありません。

さらに、真済は承和十年（八四三）には、真言教団のもう一つの拠点であります東寺の二の長者となり、その四年後には一の長者となって教団を統轄することになりました。その後、小僧都に、次いで僧正に昇進しております。しかし、その翌年の天安元年（八五七）に僧正を辞し、かわって空海に僧正を追贈せらるるように上奏され、やがて空海に大僧正の位が贈られることとなったわけであります。

これによっても、空海以後の真言教団の発展に努力をしたすぐれた弟子であったことがうかがわれます。

真済のもう一つの大きな仕事を紹介しなければなりません。それは、『遍照発揮性霊集』十巻の編纂であります。「遍照」とは、空海は入唐の折に青龍寺の恵果阿闍梨のもとで潅頂を受け、投華得仏して大日如来に結縁し、〟遍照金剛〟の名を得たということから、沙門遍照・南岳沙門遍照・沙門遍照金剛と称していることがあり、まさしく空海のことであるといえます。次の「発揮」とは、力をあらわしだすこと。「性霊」とは、天性の霊異、すなわち天性の霊異をふるいおこすような格調の高い文章をさしております。まさしく、「空海の実力をいかんなくあらわしだした文章を集めたもの」とでもいうことができます。

この全十巻の『性霊集』には、立派な序文が附されております。この序文は、真済の文章で、たいへん格調の高いものであり、名文家空海のそれにせまるほどのものであるといえます。その序文のなかに、真済が空海の人間的な側面を示す言葉を見ることができます。

夫れその詩賦哀讃の作、碑誦表書の制（哀傷や称讃の詩文を作り、それを誦するにしても、文章をつくるにしても）、遇う所にして作す（機会があれば即興的に書かれる）。草案を仮《か》らず（下書きなどなされない）、纔《わずか》に了るに競い把らざれば（書き終ればすぐに集めておかなければ）、再びこれを看るに由なし。

（『性霊集』序）

とあります。その場その時に直ちに書きあげてしまうので、まったく下書きなどはしないという空海の天才ぶりを垣間みることができます。そして、

侍坐して集記するに略々五百以来の紙を得たり。

とありますように、大師に侍坐して集記したものが五百枚ほどに達してしまい、それを編纂して十巻としたというわけであります。

序文は、空海のご生涯の素描が中心ですが、空海を「大遍照金剛」と尊称しており、儒学から仏教への転向と、入唐求法についてのべ、空海は付法の第八祖であるとし、空海の詩文にふれて在唐中に人びとの驚嘆するところであり、書道、特に草書にすぐれている、というように空海の天才ぶりを称讃しております。

そして、『性霊集』編纂の目的は、

願くば吾が党の好事（わたくしたちの仲間で物事をよくたしなむもの）、永く師迹（大師の詩文）を味わんもの、禅余の憩来《けいらい》（坐禅修行の休息をとるとき）をして時時この文に披《ひら》き対《む》かわしめん。唯だ一菴の遊目（一つのいほりにそなえ見せしめる）に備う。誰か他人に沾《うら》めや（強いて見てもらおう思う）と称せん。

とありますごとく。真言教団の仲間に師でありますす空海の詩文を見せて、空海への思いのよすがとさせよ、という意図を認めることができましょう。

もう一つ、この序文から考えられることがあります。それは、空海の最初の著作である『三教指帰』の序文との共通性のあることとです。

まず、空海の場合をあげてみますと、

余《われ》、年志学（十五歳）にして外氏《がいし》阿二千石《あじせんせき》文学の舅《きゅう》に就いて伏膺《ふくよう》し鑽仰《さんぎょう》す。二九にして槐市に遊聴し、雪蛍《せっけい》をなお怠るに拉《とりひし》ぎ、縄錐《じょうすい》の勤めざるに怒る。ここに一《ひとり》の沙門あり。

（『三教指帰』序）

とあるのがそれです。

次に真済の文章を掲げてみましょう。

余少小《わかかりし》とき頗《すこぶ》る先氏の風を貴ぶ。志学の後、寂歴を楽《ねが》って此の事を屑《もののかず》にせず。幽人の幽行を仰ぎ、大道の大妙に耽る。爰《ここ》に一《ひと》りの上人有《いま》しき。号して大遍照金剛という。

（『性霊集』序）

とあります。この二つの文を比較してみますと、共に十五歳ぐらいに勉強を始め、最初は儒学を学び、やがて仏教の研究に展開し、その後に一りの沙門（上人）に出会うということであります。空海の場合は、まさしく〃一の沙門〃でしたが、真済にとっての〃一の沙門〃は弘法大師空海上人との出会いということでありました。

空海から見て、弟子真済は自分と同じ道程をたどって自分を深化させていることに親近感をもっていたはずです。そこには両者の間に深い共感があったことでしょう。それが、

弟子、金玉の谿石《けいせき》（宝石と河原石→大師のすばらしい文とそうでない文と）に糅《まじわ》らんことを憂え、蘭桂（香りのよい植物→大師の文）の秋の艾《よもぎ》に圧《おそわ》れんことを歎く。

という気持になり、『性霊集』の編纂ということになったのでしょう。

真済は、この序文にすばらしい空海の生涯を紹介しておりますが、さらに『空海僧都傳』を撰述されたとされます。記述の日附が承和二年十月二日となっており、実に空海ご入定の年に撰述されたことになり、その意味からは、最も空海に近い伝記ということになりましょう。

『性霊集』には、後日談があります。平安時代の中頃になると、この『性霊集』は十巻の内、後の三巻が散逸してしまったのです。それを苦心して補ない『補闕鈔《ほっけしょう》』三巻とし、現存する十巻の形にすることに努力したのは、仁和寺の学匠である済暹《さいせん》（一〇二五～一一一五）という人です。その補った部分におさめられている文章のすべてが空海のものであるかどうかは疑問のあるところですが、有難いことです。

私達は、『性霊集』の全体から空海のご生涯の大部分を組み立てることができます。もし、この『性霊集』というものがなかったならば、空海がもっと遠い存在であったにちがいありません。

㉓ 如《じょ》宝《ほう》　友人の碧眼僧侶

如宝（～八一五）は、かの有名な鑑真和上（六八八～七六三）の弟子として中国から、天平勝宝六年（七五四）に入朝された方であります。

『性霊集』巻第四におさめられております「大徳如宝のために招提の封戸を恩賜するを奉謝する表」によりまして、空海と如宝との交遊関係をうかがうことができます。それは、次のようなものであります。

沙門如宝言《もう》す。伏して招提寺の封戸伍十烟を恩施することを蒙る。如宝、師（鑑真和上）に随って遠く聖朝に投《いた》って今に六十年。徳行取りどころなく、才能聞えずというといえども、先師（鑑真和上）の余慶、聖朝の泰沢（朝廷の恩沢）に頼って、積恩累畳《せきおんるいちょう》（重ねて恩をこうむり、積みかさなって）して積んで年歳あり。

伏して惟みれば、皇帝陛下、仁両儀に過ぎ（仁徳が天地のごとくに広く）、道貫三に隆《さか》りなり（帝王の道はこの王において隆盛であり、貫三とは、三の字の真中を貫くと王という字になるので、王という意味である）。かの福田（福徳を生みだす田）を顧みてこの封戸を捨つ（寄進された)。四衆万民感悦せずということなし。いわんや如宝においておや、手足を知らず、謹んで闕《けつ》に詣でて(宮中に参内して)奉表陳謝以聞す。

沙門如宝誠惟誠喜謹言。

(『性霊集』第四)

この文面から、私達は、まず如宝という唐招提寺の住職にかわって、朝廷、すなわち皇帝陛下、おそらく嵯峨天皇(七八六〜八四二)より〝封戸伍十烟〟を寄進されたのにたいして、その礼状を代筆されたものであることがわかるでありましょう。

おそらく、如宝から空海が依頼されて起草されたものでありましょう。実際のところ、唐招提寺に〝封戸伍十烟〟の施入の事実は、『日本後紀』第二十二に、

秋七月一一己巳封五十戸施入相提寺

とあり、それは弘仁三年(八一二)のことであったことがわかります。その後の礼状でしょうから四十九歳の時のことのようです。

如宝という方は、師の鑑真和上と共に天平勝宝五年(七五三)に薩摩国に到着されました。鑑真和上は、揚州の人で、律・天台を修めた有名な学僧であります。日本の僧である大安寺の栄睿、興福寺の普照の懇請により、実に十一年間にわたる辛苦のはてに、六回目の航海でようやく

に成功したわけであります。しかし、日本に到着した時には、すでに失明されておられました。その後に、天平勝宝六年の四月に、東大寺大仏殿の前でわが国最初の正規の授戒が行われ、戒壇院を建て戒律の普及につとめられました。むろん、唐招提寺も建立されたのであります。

さて、問題の如宝と空海との関係でありますが、前掲のごとく、代筆を依頼されたのが、弘仁三年か、あるいは四年としますと、大師が三十九歳か、四十歳の時のようです。そうすると、唐より帰国してより、あの有名な高雄の灌頂を行う前後に当たるようであります。よって、唐から帰朝して出会ったというより、入唐以前に両者がお互いに知りあっていたとしたほうがよいのではなかろうかと思われます。

ここで、少しく鑑真和上とその弟子達のことについて述べておきたいと思います。私は、鑑真和上とその弟子達の存在は、空海を考えようとする場合に、大変に重要だと考えられるからであります。

鑑真和上とその弟子達が来朝されたのは、天平勝宝六年のことであったことは前述したとおりであります。和上は日本仏教においては、特に戒律の世界において大きな足跡をのこされた人として有名であります。日本仏教において律宗の伝来に力を尽くした人物といいますと天武天皇の時代の道光（　～六九四）、聖武天皇の時代の道融という方がおられます。さらに、天平八年（七三六）に、天竺《インド》の菩提仙那《ぼだいせんな》、林邑《インドシナ》の仏哲《ぶってつ》と共に来朝した道璿《どうせん》（七〇二〜七六〇）が有名です。しかし、未だ受戒の実際的な儀式や作法については、充分ではありませんでした。よって、日本に正式如法なる受戒が行われるべく、伝戒の師を求めて栄睿と普照とが入唐することになり、これら二人の懇請にこたえて鑑真和上は来朝されたわけであります。その間十一年、海賊や暴風などの難にあって挫折すること五度を数え、失明したのにもかかわらず、実に六度目にいたって来朝することができたわけであります。

鑑真和上の来朝によって東大寺の大仏殿の前に戒壇が築かれまして、聖武天皇、光明皇太后、孝謙天皇、皇太子を始めとして四百四十余人に戒を授けることになったわけであります。やがて大仏殿の西側に戒壇院が建てられ、天平宝字五年（七六一）には、下野の薬師寺、築紫の観世音寺にも戒壇が建てられ、これを三大戒壇と云うのです。

さて、如宝は鑑真和上の弟子の一人ですが、それら随行して渡来してきた弟子達について一瞥《べっ》しておきたいと思います。

揚州白塔寺僧　法進
泉州超功寺僧　曇静
台州開元寺僧　思託

揚州興雲寺僧　義静
衢州霊耀寺僧　法載
寶州開元寺僧　法成
揚州白塔寺僧　恵雲
婺州僧　仁幹
等の十四人
藤州通善寺尼　智首
等の三人
揚州優婆塞　潘仙童
胡国人　安如宝
崑崙国人　軍法力
膽波国人　善聴
等、都べて二十四人

であったようであります。問題の如宝は、〃安如宝〃とあり、胡国人であるとされておりますから、中国人ではなく、安とは「安息」の安で、パルティア出身の人であったことが明らかです。

中国仏教の訳経僧として、安世高・安玄・安法欽・安法賢などのように安姓を持った人々は、みな同じことでしょう。もう一人の崑崙国人でありますし軍法力という方は、唐招提寺の講堂に安置されている丈六の弥勒菩薩像、脇侍菩薩像をつくった法力法師のことで、崑崙とは中国の南海にある諸国のことで、インドネシア諸国の出身であったろうと思われます。この二人は、日本にきてから受戒したようであります。

如宝は、その生年は不明ですが、入滅されたのが弘仁六年（八一五）一月とされ、空海は四十二歳の時であったことが明らかです。如宝の師でありまする鑑真和上は、天平宝字七年（七六三）五月六日に七十七歳で入滅されておりますから、空海は直接鑑真和上に出会うことはなかったにちがいないのですが、当の如宝を入滅の年から逆算して六十余歳と想定いたしますと、空海が讃岐国多度郡屏風ヶ浦で誕生された時が、如宝は二十九歳。一沙門より「求聞持法」を授けられ、山野に修行なされていた頃が、三十六歳。『三教指帰』を完成させた時が、四十二歳。空海が入唐出発の時が、四十九歳。冒頭のごとく、如宝が空海に代筆を依頼されたのが、弘仁三年とします と、如宝が五十七歳。空海は三十九歳ということになるでしょう。空海の空白の七年半の時代は、如宝が四十二歳から四十八歳の頃までであったことが推定されるでしょう。

如宝が四十歳代、空海が二十歳代、この両者が奈良の都ですでに出会っていたであろうと考えることは、けっして無理なことではないだろうと思います。

ここに、もう一つの資料を紹介しましょう。『高野雑筆集』巻上におさめられております、まさしく如宝宛の書簡であります。

馳仰《ちこう》の次《つい》で、音札《おんさつ》を枉《まげ》らる（お会したいと思っていたところにお手紙を賜わりました）。深く下情（自分の心情）を慰《やす》む。杪秋《びょうしゅう》（九月頃）夜冷《ひやや》かなり。惟《おもん》みるに法体珍和《ほったいちんわ》（身体おかわりありませんか）なりや。空海、山に入りてより来《このか》た、都《すべ》て人事を絶却し（他人との交際をたっていて）、臨池（書道）を屑《いさぎよし》とせず。寸陰これ競いて心仏（自心仏）を攝観（内観）す。夢中の俗事、坐忘する（忘れ去る）を貴しとす。ゆえに非意（心ならずも）に忘却して今に書さず。

忽ち来書を見て、悚息《しょうそく》極めて深し（心おそれ苦しく思う）、明後、書き取りて専使をもって馳《は》せ奏《ぶ》せん。故怠《こたい》（ことさらに怠っていること）に非るを恕《ゆる》せば幸甚、幸甚。林泉我を酔《よは》しめて、一たび入て帰ることを忘る。未だ就いて披《ひら》く（お会してお話しをする）に由《よし》あらず。増々詠を延《つらね》るのみ（歌詠をつらねる）。還使によって状を奉る。不宣。

高雄山僧空海状《しる》し上《たてまつ》る

唐僧都大徳　法前

この手紙は、先に依頼されていたことを忘却してしまっていたことの、いわゆる詫《わ》び状であることがわかります。その依頼されていた事柄がどのようなものであったかは不明ですが、文中に、忘却してしまった理由として、〝山に入りてより来《このかた》た、都て人事を絶却し、臨池を屑とせず。寸陰これ競いて心仏を攝観す。夢中の俗事、坐忘するを貴しとす〟と述べておられます。この書簡を、弘仁四年九月としますと、山に入る、ということは、最後のご自身の名前の上に〝高雄山僧〟と記しておられますところから、その山とは、高雄山ということになりましょう。それに弘仁四年（八一三）といえばその前年は、高雄山において十一月十五日に灌頂の開壇。十二月十四日に再び開壇。そして真言教団の組織化をめざし、高雄山寺に三綱を担任しておられます。当年は、一月より三月までの間、伝教大師最澄は、弟子の泰範、円澄、光定らを空海のもとにつかわし密法を受けしめさせているのであります。

このように、弘仁三年、四年は、超多忙であったことが想像されます。しかし、弘仁四年の後半には、十月二十五日に、藤原葛野磨のために金剛般若経を書写し、供養を捧げており、十一月二十三日には、伝教大師最澄に理趣釈経の借覧の申し入れに対して断りの手紙を出しております。

それに、空海が四十歳の時に草した「中寿感興の詩并に序」のなかに、在家の人びとは、四十歳を祝って酒会をもよおすけれども、僧侶の私は、〃方袍（僧侶）何事をか是なりとせん（どのように祝ったらよかろうか）。如かじ《し》、目を閉じ端坐して仏徳を思念せんには〃とのべておられます。そして〃文殊讃仏法身礼、四十行の頌をば、達夜《よもすがら》循環して感通ここに在り〃というごとくのべております。これに、先述の〃山に入る〃ということと重ねて考えることもできるでありましょう。

空海と如宝との交遊は、まことに緊密なものであった様子がうかがえるでしょう。

以上のことから、この両者の出会いは、空海の入唐以前の、いわゆる空白の七年半の時代までさかのぼることができるのではないかと思います。そうすることによって、如宝を通して中国の社会や仏教の情況を知識としていたのではなかろうか。むろん、鑑真和上の他の弟子達との交流もあったのでありますから、よりそれらは正確なものであったにちがいありません。空海の中国語が、まったく流暢であったこと、あるいは生涯にわたって奈良仏教との友好関係の基礎もこのようなところにあったのではなかろうか。まして、パルティア出身の如宝との交遊は、空海の世界にむかっての視野を大きなものにしたはずです。碧眼の人如宝と空海を二人ならべて想像してみる、まことに興味深いのであります。

如宝にかかわって『性霊集』巻八（補闕鈔）に、「招提寺の達嚫《だっしん》の文」というものが収められております。それには、承和元年（八三四）二月十一日の記が附されております。この達嚫の文の内容は、如宝が八十歳にして、法弟寿延等をひきいて大般涅槃等大乗印仏等の一百二十七巻を写し奉り、講演し供養したというものであります。文中に、〃招提の法統律将（如宝）は体浮花の世に潔《いさぎよ》く、心濁濫《じょくらん》の時に清《す》めり〃とのべ、〃時に年華しばしば萎《しぼ》み、八十たちまちに臨めり。所作已に弁ず〃とあり、まさしく如宝その人であるならば、八十歳の時ということになるでありましょう。如宝は、すでに弘仁六年（八一五）一月に六十余歳で入滅したといわれていることに対して、承和元年に八十歳であった如宝のことがいわれることになって参ります。

承和二年三月二十一日には、空海が高野山において入定されるわけですが、如宝はもっと後まで生存したということになります。

(24) 真《しん》　如《にょ》（高岳親王《たかくらしんのう》）

保護を求めた皇子

真如（七九九〜八六五）は、平城天皇の第三皇子で、大同四年（八〇九）に、叔父の嵯峨天皇の即位とともに、十一歳で皇太子となられた方であります。このようなご経歴の方が、どうして空海のお弟子となられたのでありましょう。そして、真如の生涯は実に波瀾にとんだものでありました。

まず、第一の原因は、平城上皇の寵姫・藤原薬子《くすこ》らが、再び平城上皇を天皇に復帰させようと計って起こした〝薬子の乱〟によって一年たらずの内に廃太子となってしまったことが考えられましょう。十一、二歳の彼は政争のただなかで翻弄されたわけです。平城天皇は、わずかに三年ほどの在位でありました。嵯峨天皇の在位は、弘仁と年号があらたまり、十四年にわたります。この間、高岳親王は出家の意思を強く持ちつづけ、やがて壮年の二十四歳の時に出家して空海の弟子となったようです。そして、真如と名乗る真言宗の僧となったのであります。空海のもとで出家をした人びとは、多く〝真〟の一字をいただいているようです。

嵯峨天皇と空海の交遊は、実に友好的であったわけでありますが、その間に一点景として真如をおいてみますと、なかなかに興味深いものがありましょう。

さて、空海と嵯峨天皇との交遊は、天皇が即位した大同四年（八〇九）に始まるわけでありますが、その十月四日の上表文とされるものに、「勅賜の世説の屏風書し畢つて献ずる表　一首」があります。それによりますと、

右、伏して今月三日、大舎人《おおとねり》山背《やましろ》豊継《とよつぐ》が奉宣の進止を奉《うけたまわ》るに（宣旨の勅書のこと）、空海をして世説の屏風両帖（劉義慶の撰したもので八巻あり）を書せしむ。空海は緇林《しりん》の朽枝（枯れくちた枝のようなつまらぬもの）、法海の爛屍《らんし》（広い僧団のなかでも共に住むことを許されないほどつまらぬ存在）なり。たゞ鉢錫《はっせき》（鉄鉢と錫杖）を持してもつて乞を行じ、林藪《りんそう》（林や藪のなかで）に吟じて（陀羅尼）観（観法）に住することをのみ解《さと》れり。寧ろ現鬼墨池の寸、跳竜返鵲《ちょうりゅうへんじゃく》の芸（書道の寸も筆勢の巧みさも）あらんや。あに図《はか》らんや、燕石魚目（似て非なるもののたとえ）謬《あやま》って、天の簡び（天皇の御簡びにあずかること）に当らんとは。天命（天皇の命令）逭《のが》れ難し敢えて珍繒《ちんそう》（珍重すべき屏風）を汗す。云云　謹んで豊継《とよつぐ》に附して敢えてもつて奉進す。謹んで進《たてま》つる。

（『性霊集』第四）

とあります。それより二年後にも「劉希夷が集を書して献納する表」（弘仁二年六月二十七

日)、「劉廷芝が集を書して奉献する表」(弘仁二年六月二十七日以後の某日)、「雑書迹を奉献する状」(弘仁二年八月)、さらには「筆を奉献する表」(弘仁三年六月七日)、「春宮に筆を献ずる啓」(弘仁三年某月某日)、「柑子を献ずる表」(弘仁三年秋頃)、「梵字ならびに雑文を献ずる表」(弘仁五年閏七月八日)の如く、『性霊集』におさめられている表文によってうかがえますように、嵯峨天皇に奉進されたものは、多種にわたり、それも実にこまやかなる文章を添えられていたわけでありまして、これら両者の関係は、ほのぼのとしていたにちがいありません。

ここに注意しなければならない一書があります。それは、「国家の奉為《おんため》に修法せんと請う表一首」の文章であります。この表は、弘仁元年十月二十七日となっており、前述の〝薬子の乱〟が九月のことですから、その乱が平定された直後のことであると考えられます。すなわち、

伏して望むらくは国家の奉為《おんため》に諸の弟子等を率《ひき》いて、高雄の三門において来月一日より起首して法力の成就に至るまで、かつは教え、かつは修せん。また望むらくはその中間において住処を出でず。余の妨《さまたげ》を被らざらんことを。蜷蝣《けんゆう》の心体(かげろうのようにはかない心体)、羊犬の神識(羊や犬のように心劣れるもの)なりといえども、この思い、この願い、つねに心馬に策《むちう》つ(心をはげます)。いわんやまた、我を覆い我を載するは仁王の天地(嵯峨天皇

の治められている天地）なり。目を開き、耳を開くは、聖帝の医王なり（入唐を許可せし桓武天皇）。報いんと欲し、答せんと欲するに極まりなく際なし。伏して乞う、昊天《こうてん》（嵯峨天皇）款誠《かんせい》の心（まごころを十分に推察して）を鑒察《かんさつ》したまえ。懇誠の至りに任えず。謹んで闕（宮廷）に詣でて奉表陳請以聞す（上表文を奉って願いを申し上げます）。軽《かるがる》しく威厳を触《けが》す。伏して深く戦越《せんおつ》（恐れおおいこと）す。

（『性霊集』第四）

とありますように。世情不安に逸早く手をうった空海の立場を想像します。それだけ近いところにいたということではないでしょうか。

嵯峨天皇、空海、そして高岳親王。大伴親王に皇太子を譲った十三歳の高岳親王の居場所は、空海のところよりなかったのではないだろうか。やがて出家の意思を持った彼は、壮年となった二十四歳で出家し、空海の弟子となられ、〝真如〟と名乗る真言僧となっていったようです。空海の在世中は多く高野山に住せられ、空海御入定の日には、次室にあって空海の真影を図したとされ、それは現在の高野山上の御影堂に安置されているものであると伝えられております。

空海御入定後の真如親王は、斉衡二年（八五五）に東大寺の大仏の首が落ちることがあって、修理東大寺大仏司検校となって修理を監督し、六年後の貞観三年（八六一）に修理を終えられたことがありました。

しかし、その任がとけるやいなや、貞観四年七月には、入唐をとげていることに注意しておく必要がありそうです。

ここに、証月房慶政（一一八九〜一二六八）という人の著した『閑居友』なる書があります。その書は、鎌倉時代の仏教説話集の一つですが、その冒頭に「真如親王、天竺に渡り給う事」なる一章があります。そこには、

「法門、ともにおぼつかなきこと多し」とて、ついに唐土《もろこし》にぞ渡り給《たまい》ける。宗叡僧正とともなひ給けるが、宗叡は、「文殊の住み給、五臺山、拝まん」とて行き給ふ。親王は、ものならふべき師おたづね給けるほどに、昔、この日本《やまと》の国の人にて円載和尚といひし人の、唐にとゞまりたりけるが、親王の渡り給よしを聞きて、御門に奏《そうし》たりければ、御門あはれみて、法味和尚といふ人に仰せつけられて、学問ありけれど、心にもかなはざりければ、ついに天竺にぞ渡り給ひにける。

とて、渡天の理由を述べております。

『撰集抄』巻六にも、

かゝる有知高僧の人にも猶あきたらずや思しめしけむ。もろこしに渡り給ひけるが、是には明師もなしとて、天竺に渡り給へり。

とのべております。

『三代実録』巻四十の元慶五年冬十月十三日の冬十月十三日の條には、

無品高丘親王は志《こころざし》真諦に深く、早く塵区を出《い》て法を求むるの情、異境遠からず。去んぬる貞観三年、自から當邦を辞し、道を西唐に問う。

と、それを証明しております。さらに、『同』第四の元慶五年十月十三日の條に、在唐僧中瓘申状にもとづいて、親王、先づ震旦を過ぎ、流沙を度う人と欲す。風聞するに羅越国に到り、逆旅遷化す。

とあり、羅越国において薨じたことが報告されております。前掲の『閑居友』では、

さて、やう〳〵進み行くほどに、ついに虎に行き遇《あ》ひて、むなしく命終りぬとなん。

と。『撰集抄』には、さらに祥細に、

さても、宗叡は帰朝すれども、ともなひ給へる親王は見え給はねば、もろこしへいきしにを尋ね給へりける返事に、渡天すとて獅子州にてむらがれる虎にあひて、食ひ奉らんとしけるに、「我身を惜むにはあらず。我はこれ佛法のうつは物也。あやまつ事なかれ」とて、錫杖に

てあばへりければ、つひに情なく食ひたてまつると、ほのかに聞ゆと侍りけるに、百の司、みなたもとをしぼりけり。

とのべております。

日本の留学僧中瓘がもたらした報告には、羅越国で遷化したことが記されておりますが、その国は現在ではシンガポールであろうとされております。

もう少し『閑居友』に聞いてみたいと思います。それは、真如親王のご生涯の結末についてであります。

昔のかしこき人〴〵の天竺に渡り給へる事を記せる書にも、大唐、新羅の人〴〵は、数あまた見え侍れば、この国のひとりも見ゑざんぬるに、この親王の思ひ立ち給けん心のほど、いと〴〵あはれにかしこく侍り。昔は、やすみしる儲《もう》けのすべらぎにて、百《もゝ》の官《つかさ》に仰がれ企図いへども、今は、道のほとりの旅の魂として、ひとりいづくにか赴き給ひけんと、返《かえす》〴〵あはれに侍り。

とあるように、大唐・新羅の人びとが多く渡天をこころざしているのに比べて、日本の人は一人もいないことをなげいて、その一人の例として真如親王をあげていることがわかります。

『撰集抄』のそれは、

親王の、さすが天竺をこゝろにくく思ひ給ひけんなんめり。あにはかりきや、綿のしとねを出で、飾りをおろすべしとは、かけても思はましや、他国のおどろが下に骨をさらすべしとは、これ世中の定めなしはかなき例なるべし。

とあります。

ここで少しく、私の想像をゆるしていただきましょう。真如親王は、皇太子となってより二十四歳までの多感な時代に、政争のただ中に、あるいは、その辺《ほと》りに生きた人であった。空海との出会いが、親王をして、少しく心の安住を得たかにみえましたが、空海の御入定後、修理東大寺大仏司検校として、六年に及ぶ努力の日々においても、政治のなかの自己を痛感していたに違いありません。真如という真言僧となったということは、その政治権力の場からの離脱ではなかったろうか。それはさらに、中国への脱出となり、さらにインドまでその意識はつながっていたのではないのだろうか。

そして、それは空海の心情と連《つな》がっているのではないのか。空海は長安で、般若三蔵というインド僧に出会っております。日本からはインドははるかかなたの国ですが、長安からインドは近い国という感じとなります。日本の真言僧である真如は、空海のそばに居ることによって、当時の日本僧のなかでは、インドを最も近く感じていた一人であったにちがいありません。

空海が入唐求法して学んだ密教は、実にインドに直結しています。空海の解したインドが教義に結実しております。真如のインド行は、その確認にあったのではなかったろうか。

それに、いまや空海のいない日本にもどる理由はなかったのでありましょう。

㉕ 藤《ふじ》原《わら(の)》冬《ふゆ》嗣《つぐ》

文学の仲間

『性霊集』巻第六に、「右将軍良納言、開府儀同三司左僕射の為に大祥の齋を設くる願文」なるものがおさめられてあります。願文とは、法要を主催した施主の願意を述べたものでありまして、右将軍良納言、即ち桓武天皇の御子であります良岑安世によって、故《もとの》左僕射贈開府儀同三司藤原朝臣、即ち藤原冬嗣（七七五～八二六）のための追善法要が行われ、空海が導師として屈請され、その法要のなかで読み上げげられたものでありましょう。

さて、この法要が営まれましたのは、願文中に

謹んで天長四年（八二七）孟秋《もうしゅ》季旬（陰暦七月下旬）を以て、先の左僕射の大祥の奉為《おんため》に、金字の金剛般若経一十二紙を写し奉る。

とありますように、天長四年陰暦七月下旬であったようであります。冬嗣という方は、天長三年七月二十四日に、五十二歳で薨じておりますので、ちょうど一周忌の法要であったことがわかります。先の文に〃大祥〃とありますが、大祥とは三回忌のことであり、実際は〃小祥〃であったはずであります。

この法要の導師をつとめました空海は、五十四歳の時であったことが明らかです。よって藤原冬嗣という方が五十二歳で薨じておられるのですから、空海の方が一歳の年上ということになるでしょう。よって、共に同世代を同じように生きた同志であったと考えることができます。

藤原冬嗣という方は、どのような人柄であったのでありましょう。願文のなかに次のように述べられております。

伏して惟《おもん》みれば、故左僕射《もとのさぼくや》贈開府儀同三司藤原朝臣は、累代（歴代）の台鼎《たいてい》（大臣宰相）にして、文武（文官、あるいは、武官に任ぜられて）時を佐く。謙恭《けんきょう》（へりくだり、つつしむ）にして雌《し》（尊ぶべきこと）を守る。晏平《あんぺい》（倹約にして質朴であった歴史上の人物）にして何ぞ侈《おご》らむ（自慢することがない）。生徒（弟子）に温良（おだやか）にして、肩天子に随う（天皇より五歳年上であった）。一心にして命を授けられて（一心に天子に仕えたから）、両帝（嵯峨上皇と淳和天皇）其れ僕射《ぼくや》（左右大臣）に簡《えら》ぶ。柔和（おだやか）にして物（人材を取り用いること）に接して緇素《しそ》（出家の人と在家の人）毎《つね》に其の風を慕《ねが》う（人徳をしたう）。

（『性霊集』第六）

とあります。

ここで、藤原冬嗣その人の略歴をおってみましょう。宝亀六年（七七五）に、右大臣内麻呂の第二子として生まれました。先に述べました、法要の主催者であります良岑安世とは、異父同母の関係にあるようです。

冬嗣という方は、藤原北家の有力な一員であります。即ち、房前を祖とする北家の流れにあり、その子であります真楯の息であります内麻呂の第二子という関係にあります。人となりは、度量が大きく、「器局温裕、識量弘雅」と評されており、文武の才を兼ね備え、かつまた寛容でよく人びとの歓心を得たと伝えられております。弘仁二年（八一一）に参議、同九年（八一八）に大納言、同十二年（八二一）に右大臣、天長二年（八二五）に左大臣に就任し、嵯峨、淳和の両朝において活躍されました。空海にそくしていうならば、実に空海の四十歳から五十歳代にかけて、共に活躍されたことが明らかでありましょう。

嵯峨天皇の弘仁期を中心とする平安初期に、三種の勅撰詩集が編纂されております。すなわち『凌雲集』、『文華秀麗集』、『経国集』がそれであります。なかでも『文華秀麗集』は、大納言でありました藤原冬嗣以下五名の人びとが勅命を受けて完成されたものであります。その中に、冬嗣ご自身の詩が三種ものせられております。ここに、その一つを紹介してみましょう。

比叡山麓にあったとされる梵釈寺に、嵯峨天皇の行幸に随行して立ち寄った時の詩であります。

一人《いちにん》（嵯峨天皇）道を問ひ梵釈《ぼんしゃく》に登りたまふ（行幸された）。梵釈蕭然《しょうぜん》にして太だ幽閑《ゆうかん》なり（ものさびしく甚だ奥深く静かである）。人定の老僧（坐禅の老僧）戸を出でず、随縁《ずいえん》の童子（仏の縁に従う小僧）未だ山を下《くだ》らず。法堂寂々煙霞《せきせきえんか》の外（人けがなくて寂しく、霞の外に高くみえ）、禅室寥々《ぜんしつりょうりょう》松竹の間《ひま》（寂しく松や竹の間にみえる）。永劫《えいごう》の津梁《しんりょう》（永遠に人びとの苦しみを救いさとりの世界に導くこと）今自得しつ、闤塵《がんじん》（煩わしくやかましい俗世間の塵埃）何れの處にか更に相関《あいかん》せむ。

（『日本古典文学大系』第六九巻二六一頁）

とあるのがそれです。ひっそりとした梵釈寺を訪れた冬嗣は、塵界を離れ静寂さのなかに身をゆだねている様子がよく表現されているように思います。このような心境のところに、わが空海とのかかわりを予測することも、けだし否定することはできないのではないでしょうか。

さて、先に掲げました空海の冬嗣の人物評の一句に〝生徒に温良〟という言葉がありました。

冬嗣という方は、弘仁十二年（八二一）に、平安京の三条北、壬生西の一町に勧学院を創設したことでも有名であります。勧学院とは、藤原氏の氏院で、藤原氏出身の大学寮学生の寄宿舎として機能し、多くの学生が寄宿して勉学にはげみ、文章得業生や文章生が輩出し、藤原氏の学界・官界進出に寄与し、院の隆盛をもたらしたといわれております。それにおくれること七年、即ち天長五年、空海五十五歳の時に、綜芸種智院を創設され、その院創設の事情と、精神とを「綜芸種智院の式并に序」において述べておられます。これは、冬嗣の勧学院創設に触発されたことも充分に考えられます。

「綜芸種智院の式并に序」は、『性霊集』巻第十に収められておりますが、それには天長五年（八二八）十二月十五日という記が付されておりますので、空海が五十五歳の時にあたります。

> 貧道（空海）物を済《すく》うに意《こころ》あって、竊《ひそか》に三教（儒教・道教・仏教）の院を置かんことを遮幾《こいねが》う。一言響《ひび》きを吐《は》けば、千金すなわち応ず（一度そのことを発表すると、藤原三守が千金にも値する住居を提供してくれた）。永く券契《けんけい》（契約の書類）を捨てて、遠く冒地《ぼうち》（さとり）を期す。給孤《きっこ》（給孤独長者、スダッタ）の金《こがね》を敷くことを労せずして、忽ちに勝軍（波斯匿王、プラーセナジット）の林泉（給孤独園）を得たり。本願忽ちに感じて、名を樹《た》てて

綜芸種智院という。

とありますように、綜芸種智院とは、儒教・道教・仏教を学ぶための綜合大学ともいうべきものであり、空海のこのような構想にたいし、いちはやく藤原三守《ただもり》（七八五〜八四〇）という方から土地と建物の寄進があったようであります。

辞《じ》する納言藤大卿（藤原三守は弘仁十四年に中納言を辞している）、左九條に宅有り。地は弐町に余り、屋はすなわち五間なり。

と、その寄進された土地と建物を記しておられます。この藤原三守という人物も空海の接点からは重要な一人であったにちがいありません。この方は、藤原南家の巨勢麻呂の孫の真作の第五子であります。延暦四年の生まれですから、だいたい空海と共に、冬嗣とも同世代を生きた人物であったということができます。

そして、その寄進された土地を描写して次のごとくのべております。

東は施薬慈院に隣り、西は真言の仁祠（東寺）に近し、生休帰真の原（送葬の地）南に迫り、衣食出内の坊（官の倉庫）、北に居す。

と。現在は、京都駅で下車をし、東寺にむかって歩いて行き、ちょうどその途中を左に入ったところであり、「綜芸種智院跡」の石柱が建てられた西福寺という寺院があります（京都市南区池ノ内町三）。

さらに、綜芸種智院創設の目的を述べて、

もしそれ九流（儒教・道教・陰陽道・法家・名家・墨家・縦横家・雑家・農家）六芸（五礼・六楽・五射・五御・六書・九数）は代を済うの舟梁（舟と橋）、十蔵（十の仏の教え）五明（声・因・医方・工巧・内明）は人を利するのこれ宝なり。故によく三世の如来、兼学（仏教と世間の学）して大覚を成じ、十方の賢聖、綜通して通知を証す。未だあらじ一味美膳（甘・酸・鹹・苦・辛の一味）をなし、片音妙曲（宮・商・角・徴・羽の一音）を調《ととの》うるものは。身を立つるの要、国を治むるの道、生死を伊陀《いだ》（パーラミタ→此岸）に断じ、涅槃を蜜多《みった》（パーラミタ→彼岸）に証すること、これを棄てて誰ぞ。

ここをもって前来の聖帝賢臣、寺を建て、院を置き、これを仰いで道を弘む。しかりといえども、毗訶《びか》（寺院）の方袍《ほうぼう》（僧侶）は偏《ひとえ》に仏経を翫《もてあそ》び、槐序《くわいじょ》（大学）の茂廉《もれん》（秀才）は空しく外書（仏典以外の書籍）に耽る。三教の策（書籍）、五明の簡《ふんで》（書籍）のごときに至っては、壅《ふさが》り泥《なつ》んで通ぜず。かるがゆえに綜芸種智院を建てて、あまねく三教を蔵《おさ》め、もろもろの能者を招く。

とありますように、当時学問の中心であります儒教や道教、そして仏教の綜合をめざしたものであったことが明らかであります。そもそも、綜芸種智とは、『大日経』巻一、具縁品にあります。

初めに阿闍梨、衆芸を兼ね綜ぶ

（『大正蔵経』一八・四上）

という文章から着想されたにちがいなく、〃種智〃とは、一切種智のことで、その言葉の意味をもっと拡大して解して、仏教の全てと、世間一般にわたる学問を網羅していることが考えられましょう。

この綜芸種智院の創設には、幾つかの困難が懸念されたようです。

あるひと難じていわく、しかれどもなお事先覚に漏れて、終に未だその美を見ず（成功しなかった）。何となれば、備僕射《びぼくや》の二教（吉備真備がつくった儒・道二教の学校）、石納言の芸亭《うんてい》（大納言石上宅嗣が旧宅を阿閦寺とし、その一隅に外典を教える芸亭をつくった）、かくのごときらの院、ならびにみな始あって終なく、人去って跡穢《けが》れたりと。

とありますように、すでにいくつかの学校が、その運営に破綻をきたしており、綜芸種智院の開校に疑問視のむきもあったようであります。

しかし、空海の開校にむけてのロマンはやみがたく、国家が中央の大学や地方の国学を開いて諸芸を勧めはげましているのに、このような小さな綜芸種智院を開いていったいどのような効果があるのであろう。という質問にたいして、

大唐の城には、坊坊（長安城の各区劃）に閭塾《りょじゅく》（学修のための塾）を置いて、普ねく童稚を教え、県県に卿学（地方の学校）を開いて、広く青衿《せいきん》（学童）を導く。この故に才子、城に満ち、芸士、国に盈《み》てり。今、この華城（平安京）にはただ一の大学のみあって閭塾あることなし。この故に貧賤の子弟、津を問う（学問をする）にところなく、遠方の好事（遠方の村里で学問を好み学ぶこと）、往還するに疲れ多し。今この一院を建てて、普ねく瞳矇（幼なく道理にくらい学童）を済《すく》わん。また善からざらんや、と。

とありますように、空海が綜芸種智院を創設するというロマンは、一般の子弟の学問を好む学童にむかって門戸を開く私塾であったようです。まさしく、日本で最も早い時代に開設された、私立綜合大学であったということができましょう。

ここに藤原冬嗣と空海との出会いを想定し、考察をしてきました。そして、はからずも、冬嗣の一周忌を空海に依頼された良岑安世。さらには、空海の綜芸種智院開設へのロマンに感激して、土地と建物を提供した藤原三守の存在を知ることになりました。空海をとりまいて、この三

人の人物を配してみますと、空海のすばらしい人間性を媒介として、その人間模様をうかがい知ることができます。

弘仁期といわれる平安初期の時代に、大変に高度な知的世界が、空海のまわりに展開し、空海もその一員であったことが考えられます。空海の体系づけられた広大なる教学世界も、このような側面からも充分に問うべきであろうと考えます。

㉖ 良《よし》岑《みね（の）》安《やす》世《よ》　芳しい交友者

良岑安世（七八五～八三〇）は、延暦四年（七八五）に桓武天皇の皇子として誕生された。ちょうど空海三十歳代から五十歳代にかけて共に活躍した人びとの一人であります。

空海が四十八歳の折、良岑安世は、同母の兄である藤原冬嗣の一周忌にあたり追善法要を依頼された。『性霊集』巻第六におさめられている「右将軍良納言、開府儀同三司左僕射のために大祥の斎を設くる願文」によってそれと知ることができます。

謹んで天長四年（八二七）孟秋《もうしゅう》季旬（陰暦七月下旬）を以て、先の左僕射の大祥《たいしょう》の奉為《おんため》に、金字の金剛般若経一十二紙を写し奉る。これを延《ひ》く（招請する）に竜象《りょうぞう》（高僧）をもってし、これを衍《の》ぶる（講演する）に涌泉《ゆうせん》（経典＝金剛般若経）をもってす。方丈の草堂は法界を呑んで蓋芥《たいかい》なり。花山の松林（良岑の別宅、山科にあったとされる）は宝樹に変じて刹《せっ》説《せつ》す。

と法要のありさまを述べられ、藤原冬嗣の人物評を

伏して惟《おもん》みれば、故《もとの》左《さ》僕射《ぼくや》贈開府儀同三司藤原朝臣は、累代の台鼎《たいてい》（大臣宰相）にして、

文武時を佐《たす》く。謙恭にして雌《し》を守る（つつしみへりくだり、人びとを尊ぶ）。晏平何ぞ侈《おご》れる（倹約、質朴なることは晏平もどうして自慢できようか）。生徒に温良にして、肩天子に随う（天皇に五歳年長）。一心に命を授けられて、両帝（嵯峨・淳和天皇）それ僕射《ぼくや》（左右大臣）に箇ぶ。柔和にして物に接して（人材をとり用いて）、緇素《しそ》（出家の人も在家の人も）毎《つね》にその風を慕う。

と述べておられます。空海はむろん藤原冬嗣という人物を好く知っておられ、お互に理解者であったことが明らかであります。

ここに登場した藤原冬嗣と良岑安世は同母の兄弟で共に桓武天皇の皇子であるわけでありまして、共に『日本後紀』の編纂に参画しており、勅命によって天長四年（八二七）に『経国集』を選進してもおります。

良岑安世は、弘仁七年（八一六）に参議に、弘仁十二年（八二一）に中納言、天長五年（八二八）に大納言に登りますが、同七年（八三〇）七月六日に没してしまいます。四十六歳の若さでありました。空海は五十六歳です。心のかよう友を失ったということができます。

さて、当の良岑安世と空海とには書簡の往来があり、『性霊集』にはその空海の文がのこっております。いずれも高野山上の空海とのそれで、問答形式による文章である。まず、「山に入る興雑言」を取り上げてみましょう。

問う、師（空海）何の意あってか深寒（寒い深山＝高野山）に入る。深嶽崎嶇（深山はけわしく）として太《はなは》だ安からず。上るにも苦しみ、下る時にも難《なや》む。山神木魅これを廬《いえ》（住家）とす。

と問うている人が、良岑安世ご自身であります。それに「君見ずや、君見ずや」とて、空海は答えていう、

君知るやいなや、君知るやいなや。人かくのごとし、汝何ぞ長からん。朝夕に思い思うて腸《はらわた》を断つに堪《た》えたり（腸を断たれる以上に悲しい）。汝が日は西山に半ば死したる士なり。汝が年は半ばに過ぎて屍《しかばね》の起《た》てるがごとし。住《とどま》らんや、住らんや一も益なし。行きね、行きね止るべからず、去来去来《いざやいざや》大空の師、住《とどま》ることなかれ、住《とどま》ることなかれ、乳海の子（安世）。南山の松石（高野山の松と石）は看れども厭《あ》かず。南嶽の清流（高野山の清流）は憐むこと已《や》まず。浮華名利の毒に慢《おご》ることなかれ。三界火宅の裏《うち》に焼くることなかれ。斗藪《とそう》して（出家して）早く法身の里に入れ。

（『性霊集』第一）

とあります。

また「山中に何の楽かある　雑言」には、まず良岑安世が設問して

山中に何の楽かある。遂に爾《なんじ》永く帰ることを忘れたり。一の秘典、百《もも》の衲衣《のうえ》、雨に湿《うるほ》ひ雲に霑《うるほ》うて塵とともに飛ぶ。徒《いたずら》に飢え徒に死して何の益かある。何れの師（どのような人でも）か、この事を以て非なりとせん。

とあります。

もう一つの「徒《いたずら》に玉を懐く　雑言」にも次のごとくに云っております。

問う師（空海）、玉を懐いて開くことを肯《がえ》んぜず。独り深山（高野山）に往いて人の咍《あざけり》を取れり。

ここにいう「玉」とは、真言密教のことでありましょう。この問いにたいして

同じきと、同じからざると（志を同しくする人とそうでない人）、時と、時ならざると（素質の熱する時と熟しない時）、昇沈（迷と悟）・讃毀（称讃と非難）・黙語（沈黙と説法）、君これを知れりや。これを知れ。これを知るをば知音《ちおん》（よく心を知りあった友）と名づく。知音と知音と蘭契《らんけい》（芳しい友情）深し。

（『性霊集』第一）

と答えております。この両者の小気味よい応答は、肝胆相照《かんたんあいてら》らした心と心の問答であったということができましょう。

他に『性霊集』巻第一には、「良相公に贈る詩　一首　五言雑言」なる文があります。紹介いたしましょう。但し書きに「良相公（良岑安世）我れに桃李《とうり》（詩文）を投ぜり。余《われ》報ずるに一章五言の詩、三篇雑体の歌を以つてす」とあり、次のごとく云っております。

孤雲（空海自身）は定まれる処なし　本より高峯を愛す
人里の日（世間的生活）を知らず　月を観て青松に臥す
忽然として開けば（とどいた手紙を開くに）玉のごとくに振う（玉を振わすような音声が聞えてきた）　寧《むし》ろ顔容に対《むか》える（直接お会している）に異ならんや　宿霧（霧のたちこめるように隔つていますが）は吟ずるに随つて斂《おさま》り　蘭情《らんせい》（蘭の匂うごとき友情）は詠ずるに逐《したが》つて濃《こまやか》なり　伝燈は君が雅致《がち》（ゆかしい志）なり　余が誓も愚庸《ぐよう》（凡夫）を済《すく》う
機水塵濁（人びとの宗教的素質は塵にけがされている）多ければ　金波（法と教え）従い易からず
飛雷なお未だ動かず　蟄蛭《ちっき》（土中の虫類＝心中の菩提心）封を開くにあらず
巻舒《けんじょ》（進退）は一己《いっき》（自分ひとりできめること）にあらず　行蔵《こうぞう》（時世をみて行動するこ

と）は六竜（天子の乗物）に任《まか》せたり

とあります。最後の一句が政治家である良岑安世に注意をうながしたものでありましょう。

もう一句を紹介しましょう。

それは「蘿皮函《らひかん》の詞《ことば》　七言」というものです。

南峰（高野山）に独り立って幾千年ぞ　松栢を隣とす（山中の一軒家であるから、松栢だけが隣りである）銀漢（天の河）の前　日を戴き（太陽をまぢかに戴き）蘿衣《らえ》（粗衣）にして物外（浮世の外）に久し　函書（文書箱）にして今相公の辺《ほとり》に向わん

俗塵を払って一人高野山での修行に没頭している空海の姿が鮮明です。

空海が高野山にかかわりをもったのは、弘仁七年（八一六）、四十三歳の折でありました。翌年には高野山に壇場を建立するための結界を行っておるようであります。すでにご自身の本拠となっております東寺に、加えて高野山をば修行道場として位置づけ、本格的な弟子の養成に取り組んでおります。それに、京都と高野山の距離を考えてみます。恐らく往来には、二、三泊かかっていると想像されますし、その中間に観心寺があります。伝教大師最澄と比叡山、空海と高野山とならべてみますと、高野山は遠い。

良岑安世という要人との交流は、これらの文章からも充分に推察されますように、場合によっ

ては傍観者ではいられない、即ち政治的な事柄にまきこまれかねない状況にたちいたることもあったにちがいありません。高野山までの距離は、それらに自由な立場を保持するために必要だったのではなかっただろうか。

㉗ 勝《しょう》道《どう》上《しょう》人《にん》 心をかさねた修行者

勝道上人といえば、日光山を開いた方として有名です。

この勝道上人と、空海は、時をひとつにしておられたことは意外に知られていないようです。『性霊集』巻第二に

「沙門勝道山水を歴て玄珠を瑩《みが》く碑　并に序」

というものが収められております。この文章は、〝沙門遍照金剛文并に書〟とありますことから、文章とあわせて書をものこされたことがわかります。そして、末尾に

西岳沙門遍照金剛題す

弘仁の年、敦祥《とんしょう》の歳、月次壮朔《つきなみそうさく》、三十の癸酉《きゆう》なり

とあり、西岳とは高雄山神護寺ですし、弘仁五年（八一四）八月三十日、に書かれたことが明らかです。空海は実に四十一歳の時で、入唐より帰朝して十年ほどたち、令名いよいよ高まりをみせている頃ということができます。文中に

人の相知ること必ずしも対面して久しく話《かた》るのみにしも在らず。意通ずれば、すなわち傾《けい》

蓋《がい》の遇なり。余と道公（勝道）と生年より相見ず。

とありますから、実際に空海と勝道上人とは直接出会っていないわけですが、意通ずれば、すなわち傾蓋の遇なり、とありますように、必ずしも直接出会わなくても、偶然知りあっただけで心が通じ親しくなるものであると云っております。それは、勝道上人の生き方に共鳴する空海の心情があり、それらがたがいに感応道交したからであったでしょう。

この文の製作は、ある人物よりの依頼によるものであったようです。

幸に伊博士公に因つてその情素《せいそ》の雅致《がち》を聞き、兼ねて洛山の記を請うことを蒙る。余不才にして仁に当る。敢えて辞譲せず。

とありますように、その空海に依頼した人物とは、伊博士公という方でありました。文中の〃情素の雅致〃とは、勝道上人の人物評の言葉でしょう。心のみやびやかで高潔であること、ということです。また、〃洛山〃とは、補陀洛山、二荒山のことです。

さて、伊博士公という方は、どのような人物であったでしょう。当時のこと、中央には大学、地方には国学があり、おそらく下野地方の国学の博士が、任期が満ち、弘仁の初めに都に帰り、つぶさに勝道上人の功績を朝廷に報告し、そしてその徳を讃嘆するための文章の執筆を空海に依頼したのにちがいありません。前述のように、この文が書かれたのが弘仁五年（八一四）でしたが、ちょうど勝道上人は八十歳の時ですし、空海は四十一歳でした。勝道上人は、八十三歳の弘仁八年（八一七）三月一日にご遷化されてしまうのですから、あるいは、空海のお書きになったこの文をご覧にならなかったのではなかろうか、と考えられます。

去《いん》じ延暦中、柏原《かしはら》皇帝（桓武天皇）これを聞《きこ》しめして便ち上野国《こうづけのくに》の講師に任す。利他時あり、虚心物に逐《したご》う。また華厳の精舎（華厳寺）を都賀郡城山《つがのごほりきのやま》（栃木県下都賀郡）に建立す。此に就き、彼に往いて物を利し道を弘む。去じ大同二年（八〇七）、国に陽九（ひでり）あり。州司《くにのつかさ》（役人）、法師（勝道）をして雨を祈らしむ。師、補陀洛《ふだらく》の山に上って祈禱《きとう》す。時に応じて甘雨霶霈《ほうはい》して、百穀豊登《ほうとう》なり。所有の仏業縷《くわ》しく説くこと能《あた》はず。

（『性霊集』第二）

とあります文は、勝道上人の社会的地位を示すものとして重要です。講師とは、仏教の経論を講説し、かつ部内の諸寺の監督にあたるもので、地方における重要な役職の一つであります。勝道上人の生地は

沙門勝道という者《ひと》あり。下野芳賀《はが》の人なり。

とありますから、現在の栃木県の出身だということがわかります。俗姓は若田氏であります。少年の頃より仏門に入り、天平宝字五年（七六一）に二十七歳の時に下野国薬師寺の戒壇において如意僧都より得度受戒されたといわれています。

下野国は北から西にかけて帝釈山脈と足尾山塊が連なっており、そのなかに那須高原・男体・横根・出流などの山々が起伏しており、それらの山系から那河川、鬼怒川、思川などが流れ出し、下野平野をうるおしております。

その下野平野に天智天皇の代に薬師寺が置かれました。そして聖武天皇の天平十一年（七三九）には、国分寺が置かれました。後になって、実際は天平宝字五年（七六一）になって、その薬師寺に戒壇がおかれ、勝道上人もそこで受戒得度することになるわけであります。勝道上人は、現在の国府、国分寺、薬師寺、真岡一円の地に誕生、生育されたわけであります。

長じて二荒山の開発《かいはつ》にむけ全勢力をそそぐことになるわけですが、日光山は指呼の内にある山の一つであったのです。

日光の二荒山開山への挑戦は、神護景雲元年（七六七）四月上旬に登り始めたが成功することがなかったようであります。

雪深く巌唆《さか》しくして、雲霧雷迷して上ること能はず。

と云っております。さらに、

還って半腹（山の中腹）に住すること三七日にして却《しりぞ》き還りぬ。

山の中腹に二十一日間籠って引き上げたとも云っております。また

また天応元年（七六一）四月上旬、更に攀陟《はんちょく》を事とするもまた上ること得ず。

とありますように、再度失敗に終ったようであります。天応二年は八月一九日に延暦元年に改元されておりますが、即ち延暦二年（七八三）に再度入山を決意します。

二年三月中、諸の神祇の奉為《おんため》に経を写し仏を図し　裳《も》を裂いて足を裹《つつ》み、命を棄てて道を殉《もと》む。経像を繦負《きょうふ》して山の麓に至る。

勝道上人の二荒山入山には、経を写し、仏を図して神祇に祈念しつつ、経・像を背に負い、命を棄てて道を求め、そのために殉ずる覚悟であったことがわかります。

さらに、延暦三年（七八四）三月下旬に、再度登頂し中禅寺湖に至ったようです。

更に上って五箇日を経て彼の南湖の辺に至る。四月上旬には一の小船の長さ二丈、広さ三尺なるを造り得たり。すなわち二三子（勝道の弟子達）と与《とも》に湖に棹さいて遊覧す。

とあります。そして、その中禅寺湖のほとりに

この勝地に託《つ》いて聊《いささ》か伽藍《がらん》を建てて、名づけて神宮寺という。

とありますように神宮寺を建立され、四年ほど滞在して後に、延暦七年（七八八）四月に〝北涯に移住す〟とあります。

このように、勝道上人の日光山登頂の決意がなされてから、実に十五年目にして成功し、その三年後に神宮寺を開いたことになります。

現在の日光山を思います。私達はいとも簡単に登頂してしまいます。イロハ坂を経由して、すぐに中禅寺湖に出会います。そして男体山の勇姿を観ることになるわけですが、もっと遠方より日光山にせまってくるということからすれば、大変な山ということになりましょう。まして、あんなに高い山の上に、広大なる中禅寺湖があることも、霊山にふさわしい条件をそなえていると思います。そういえば、日本の高い山々は、多く修行者が開いたものでした。厳しい山行は、それだけ修行者にとってすばらしい修行場だったわけで、わが空海も、高野山開創に大きなエネルギーを注いだことと同じであるということができます。

最後に、次の文があります。紹介してみましょう。

夫れ、境、心に随《したが》って変ず。心垢《けが》るれば境濁《にご》る。心は境を逐《お》って移る。境閑《しづか》なるときは心朗かなり。心境冥会《みょうえ》して道徳《どうとく》玄《はるか》に存す。

というのがそれです。境をば自然とおきかえ、心を私自身としてみれば理解しやすいにちがいありません。すなわち、私達をとりまく自然は、人間の生き方によって変化するものです。よって人間の生き方が垢《けが》れてくれば、私達をとりまく自然環境がにごってくる道理です。人間存在は自然環境のうつろいにしたがって変化してゆくのであります。自然が美しければ、人間の心が朗らかとなり、心と自然とが一致したとき人間の道徳心も、生くべき方向もおのずと見えてくるはずです。ということになろうかと思います。

最近、「共生」ということが論じられております。それには、人と他人《ひと》との共生、人と自然環境との共生、人と社会との共生等、大小さまざまな共生がさけばれております。

この言葉は、空海が勝道上人を顕彰した文章のそれですが、空海ご自身の言葉でもあったと思います。空海の教えのなかには、現代においてさけばれている「共生」観に重要な典拠を提出するものがあることを注意しなければなりません。むろん、マンダラ観や、大日如来観からもいわれることですが、何よりも空海は、単なる教学を種々なる経典や、論書などから導いたということでなくして、ご自身が何よりも山野に修行したその実体験が、その教学の底に強く流れていることを確認しておかなければなりません。

(28) 憂《ゆう》国《こく（の）》公《こう》子《し》　批判者としての若き官吏

憂国公子とは、実在の人物ではないのかもしれません。あるいは、実在の人物を憂国公子にしたて登場させたのかもしれません。

憂国公子は、『秘蔵宝鑰《ひぞうほうやく》』の第四住心の説段において登場して参ります。空海とおぼしき玄関法師と実にきびしい問答を展開することになります。この問答のなかで玄関法師にあびせかけます憂国公子の論鋒は鋭く、玄関法師もたじたじというところのようです。

空海は、天皇の命令によりまして自己の教学体系をば、『秘密曼荼羅十住心論』にまとめ報告いたしましたが、さらにその略論ともいわれます同一趣旨の著作であります『秘蔵宝鑰』をも発表されました。十住心という体系を擁します『十住心論』・『秘蔵宝鑰』は、その第四住心から仏教が始まるわけでありまして、ちょうど仏教への玄関という意味あいから、玄関法師という名称を考えられたにちがいありません。空海というお方、なかなかに茶目気なひとであったようであります。

憂国公子は、どうやら若い官吏、すなわち国家公務員のようです。私達は、すでに『三教指帰』の序文に、空海の母方の甥の青年の存在していることを知っているはずであります。その若者は、心がねじれており、狩りや酒にふけっていて、博打《ばくち》などで遊びたわむれている、そんな若者に心をいためている空海を知っております。そして、その人物を本文のなかに蛭牙公子《しつがこうし》として登場させまして、

ここに蛭牙公子、跪《ひざまづ》いて称していわく、唯唯（はいはい）、敬《つつし》んで命を承んぬ。今より次後《のち》、心を専《もっぱ》らにして奉習せん、と。

憂国公子とは、この蛭牙公子が生長して官吏になって活躍している人物とすることは、あながち無理なことではないように思われます。

さて、問題の憂国公子と玄関法師の間でかわされました議論を紹介してゆきましょう。むろん、その要点のみということになりますが、質問するのは憂国公子で、答えるのは玄関法師であります。

Q　仏さまの偉大なことは、いまさら申すまでもないことです。ですから天皇や賢臣は、寺院を建て、そこに僧侶を住まわせ、多くの土地を寄進して衣・食の料にあてているのです。それら

はみな、国家を安定させ、人びとを幸福にいたすことでありました。しかし、どうでしょう、今や、僧尼は頭を剃っても欲を剃ることをいたしませんし、衣を染めても心を染めておりません。仏道がこのようにみだれているために、ひでりや洪水がおこり、疾病がはびこり、人びとは大変な苦しみを受けているのです。この際は、僧尼になることを禁止し、供養することも停止したらよかろうと思います。もしも、本当の僧尼がいるのであれば、敬礼し、国費をそそいで供養をするのにやぶさかではございませんが。

A　ものには善・悪があり、人には賢《けん》・愚《ぐ》の相違があります。そして、賢にして善なる人は少なく、愚にして悪なるものは多いことは、世の道理でしょう。ましてや、悟りを得ることが一生涯かかってもむずかしく、修練苦行してやっと悟りを得ることができるのですから、もし、今、悟りを求めて修行している僧尼がいなかったといたしましても、それによって仏道そのものが絶えてしまうことなんてありえないことです。

Q　賢聖なる僧侶にあうことがむすかしいのであることは、了解したといたしましても、持戒堅固にして修行に精進している人のことが聞こえてこないことは、いったいどうしたことでありましょう。

Ａ　現代という時代は、濁悪でありまして、人びとの能力がまったく劣っているためです。

Ｑ　では、濁悪なる時代には、まったく持戒堅固にして修行に精進している人はいないのですか。

Ａ　時代が濁悪でありましても、まったくその修行に精進している人がいないというわけではありません。

Ｑ　では、そのような人は、いったいどこにおられるのですか。

Ａ　その人をみわけることは、なかなかにむずかしく、聖人でもなければわからないのです。

Ｑ　現今、僧侶が国費を浪費している現実をどのようにお考えでしょうか。

Ａ　僧侶が国費を浪費しているといいましたが、国家公務員達のそれにくらべれば、僧侶のそれは一鉢の飲食でたりるのでありまして、公務員達の多くの浪費をただすのが先でありまして、僧侶のそれを責めるのは、その後でありましょう。

Q　公務員の俸給は、その役職によるものであって、早朝よりおそくまで、雨が降っても風が吹いても休むことなくつとめております。それにくらべて、僧侶が読経し、仏を礼拝し、堂内に坐禅をこらしておりますが、それがどうして国の恩にむくい、四恩の広徳にこたえることになるのでしょうか。

A　諸仏の師は法であり、仏とは伝法の人でありまして、一句の妙法、一仏の名号に遇うのは、まったくむずかしいのです。一仏の名号を称念し、一字の真言を念誦することによってこそ無量にして無辺なる功徳をうることができるのであります。

Q　そのようなことは、いつわりでしょう。信ずるにたりないことです。もしも、経文を誦し、仏を礼拝することが無量・無辺なる功徳をもたらすというのであれば、孔子の像を拝し、五経、三史の文を誦するということと、どこがちがうのですか。五経・三史の文と経論の文と、文字は同じではありませんか。

A　まったく、それは理屈というものです。喩へば、天皇の勅語と、民間人の手紙のことを考えてみましょう。文字は同じであっても、その効力はまったく相違しているではありませんか。仏経とは勅語のようなものでありまして、仏経を読誦すれば煩悩をくだき、それを受持する人にはエンマ王すら礼拝するといわれているのです。五経・三史を説誦して災難をしりぞけたということなど聞いたことがありません。

Q　釈迦は、多弁を労して功徳を説きましたが、孔子は、つつましくほこることをしませんでした。

A　一言・一語も人をそしり、法をそしってはいけないことなのです。人をそしるのは法、法をそしるのは人といわれますが、人も法もそしれば阿鼻地獄に堕ちて、永久にそこから出てくる機会を失うことになるでしょう。

Q　では、その人と、法とに幾種あり、また深・浅の相違がどのようにあるのでしょう。

A　それには、顕教・密教の二教があって種々に差別しております。くわしくは『十住心論』に説いてありますので、それによってください。

Q　お陰で人・法のさまざまなあり方を知りましたが、種々な論疏（経の注釈書）には、他の立場を破折し、自己の立場を擁護《ようご》しておりますが、これは謗法ということにはなりませんか。

Ａ　もしも名誉心から浅い教えによって深い法を破折したのであればそうですが、慈悲心による利他の精神によって浅い教えに執われた人を破して、深い教えに導びき入れるものであれば、まったく謗法ということにはなりません。

Ｑ　では、仏法と王法とが調和することについて、いかがなのでしょうか。

Ａ　王法としての法律と、仏法の禁戒とは、そのたてまえは相違しているということができますが、その意味において共通することがあります。法によって世をおさめれば利益は多く、法を自心にまげておこなえば罪報はきわめて重いということができます。

また、先にいわれました、ひでりや洪水等の原因が僧侶のおこないによるという主張は、あたりません。中国古代の歴史にはたくさんのひでりや洪水がおこって人びとを不幸にしておりますが、その時には僧侶はまだいなかったのです。そのような不幸が出現するということは、時運・天罰・業感の三つの原因があるといわれますが、このようなことを知らずに暴言をはいていることとは、まったくこまったことです。

仏法というものは、悪の因果を説いて極苦を抜き、善の因果を示して極楽を授く、といわれます。その仏法を修する者に出家と在家とがありまして、特に在家とは、上は天皇から下は庶民にいたる人びとが平等に五戒・十善をまもって仏法に帰依する者のことであり、それは菩薩ともいわれるものです。次に出家とは、菩提心を発し、断悪修善の行によって、下は人天の果から上は仏果にいたる悟りを得る者のことであります。仏法というものは、仏陀がすでにお説きになられ、いまにいますものであります。それを弘くひろめることは人間の問題でありましょう。僧侶がいるから仏法は絶えることがないのであり、仏法があるから人びとが眼を開くことができるのであります。

Q　仏法を知り、仏道を修することの利益がすばらしいのであるのに、どうして破戒無慚なる僧侶達が国に満ちているのでしょうか。

A　孔子は門弟は三千人、その教えに到達した弟子は七十人ほどで、他は記録にのこっておりません。釈尊の弟子は無量無数、しかし非法の弟子もたくさんいたのです。釈尊の在世の時ですら純善であったわけではありませんでした。末代に生を受けた私達であるならば、なをさらです。如来の慈悲というものは三界をおおう父のごとく広いものです。とやかくいうべきものではありません。〝物《もの》の理《ことわり》〟ということでしょう。

以上、憂国公子と玄関法師との論争をたどってまいりました。玄関法師は憂国公子の義憤にかられた論鋒に、たじたじというところであります。空海は、このんで二人の人物を登場させ論争させることによって主題を明確にさせることが得意であります。しかし、ここでの論争の主題は実に重いものです。この問答は空海の活躍された時代を如実に活写しているにちがいありません。

憂国公子とは、母方の甥、そして蛭牙公子として生長してきた人物であると考えられますが、現実社会の問題を極めて鋭く追求する時代の目の持主として、時代に出会った人、であったにちがいありません。

(29) 藤《ふじ》原《はら(の)》真《ま》川《かわ》　不遇な友の助けを依頼した信者

『性霊集』の巻四のなかに、「藤の真川が浄豊を挙するがための啓」というものがあります。そして、この文と同じものが『高野雑筆集』巻上にもおさめられており、某相国宛となっており、これらは共に

弘仁七年十二月二十七日

の記があります。よって、空海が四十三歳の折のものであったことがわかります。あの高野開創にむけて動き出そうとする、その前年にあたるようであります。

さて、この書状は、その題名でもわかりますように、藤原真川の依頼するところによって、その藤原真川にかわって、その師であります浄村宿弥浄豊の推挙を、某大臣に懇願したものであります。

その書状を少しく讀んでゆくことにいたしましょう。

真川等啓《もう》す。昧金《まいきん》(土中から掘り出したままの金)の面を照すことは必ず瑩払《えいふつ》(みがくこと)を待ち、童矇《どうもう》(幼なく愚《おろ》かなもの)の眼を開くことは定んで師訓に因《よ》る。しかればすな

わち恩の重きは師徳を最とす。

どうやら、浄村宿弥浄豊という人は、真川等の先生であるようです。そして、次に、その人物をば次のように紹介して

如《い》今《ま》故《もと》の中務卿《なかつかさきょう》親王（伊予親王）の文学（の先生）、正六位上浄村宿弥浄豊《きよむらのすくねきよとよ》は、故従五位上勲十一等晋卿《しんけい》が第九の男なり。

とあります。すなわち真川等の先生であります浄村浄豊という人は、天平七年（七三五）に来日し、日本の朝廷につかえました唐の人、晋卿という人物の第九番目の子息であったようであります。

父晋卿は遥かに聖風を慕って遠く本族を辞す（日本に帰化した）。両京（洛陽・長安）の音韻《いんいん》を誦して、三呉（呉郡・呉興・丹陽）の訛響を改む（呉国のなまりのある言葉をただした）。口には唐言を吐いて嬰学《えいがく》の耳目を発揮す（初学の人びとを指導した）。遂にすなわち位五品（五位）に登り、職州牧《しゅうぼつ》（国守）を践《ふ》し。男息九人、任中にして生れたり（就任中に九人の子息をもうけた）。

とあります。その九人の子息達は、

弘秀両人（弘と秀という子息）は、すなわち任中外を経て（就任中と退任後）、俸、判官を食

む。

とありますように、弘と秀という二人の子息は、判官に相当する俸給をうけるほどに出世したのでしたが、

ならびにみな降年短促にして（天寿が短く）、不幸にしてし殞《いん》じたり（なくなってしまわれた）。最弟の一身子然《けつぜん》として孤り留まれり。これすなわち真川等が業（学問）を受くる先生なり。

九人もの子息がいたのでしたが、一番下の弟一人だけが残ったのであります。その人が、この浄村浄豊その人であったわけです。

その浄村浄豊という人物につきまして、

文雅心を陶《みが》き（文才が豊かであり、ひととなりがおだやかで）、廉貞《れんてい》素を養う（いさぎよく志は高い）。

というような評価を表明しています。

ここまで讀んでまいりますと、真川等の要請によって書き上げた文章ではなく、空海ご自身の交遊関係であった、その場からの表明であったように思えてなりません。

次に、この人物の経歴を紹介しております。

去んじ延暦中に天恩に駿州の録事（駿河《するが》の文書記録を司る役人）に沐して、つぎに親王の文学に遷る。

すなわち、延暦年中とは桓武天皇の時代に、駿河の国の役人として赴任した後に、〝親王の文学に遷る〟とありますように、伊予親王の文学の先生となったということでありましょう。

伊予親王（？―八〇七）は、桓武天皇の皇子で、母は藤原是公の女、吉子であります。式部卿、のちには中務卿兼大学師に任じられた方であります。大同二年（八〇七）のこと、謀反事件の嫌疑がかけられ捕らえられ、母とともに幽閉所において服毒自殺をとげることになります。

忽ちに時変に羅るに遇うて、進仕途窮《きわま》れり。

とあります。時変とは、まさしく伊予親王の謀反事件でありましょう。浄村浄豊は、その伊予親王の文学の先生であったわけですから、その影響をうけないはずがありません。実際のところ、親王の外舅でありますところの大納言藤原雄友《おとも》や、藤原乙叡《おとえい》らもこの事件に連坐して失脚してしまったようであります。

今儻々《たまたま》震宮の大造に頼って（東宮が即位して嵯峨天皇となり大赦が行なわれ）、朝に参じ暮に謁す。

とありますように、嵯峨天皇の恩赦にあって罪がゆるされたわけでありますが、

年歳推し移って欣享望に過ぎたり。還って薄命の徒《いたづら》に老いたることを歎く。

とありますように、罪はゆるされたのでしたが、官につけず、禄を受けることができないでいるというのであります。

真川等は、このような浄村先生の窮状をなんとか打開すべく、空海に朝廷への働きかけを懇請したにちがいありません。

真川等訓（学恩）に潤うこと年あれども、徳に酬ゆるに日なし。勢なくして空しく肝膽《かんたん》を竭《つく》す（心中に心配しているだけである）。

という心情も、空海を動かすものであったにちがいありません。

思いますに、この文書は真川等の依頼によりまして、空海が彼らの心配を受けて草した文でありましょう。そのようなことを空海に依頼された、真川等と空海の関係はどのようなものであったのでしょう。

先に引用しましたところの

時変に羅るに遇うて

とあります「時変」は、空海の生涯において大きな影をおとしているように思います。もう一度、そのことについてくわしく見てゆくことにいたしましょう。

この変は、平城上皇が大同四年（八〇九）四月一日に「風病」を理由として皇太弟（嵯峨天皇）に譲位したことからおこったものであります。

十二月四日にいたりまして上皇は平城旧京に遷居しましたが、その折のこと、寵愛いたしておりました尚侍の藤原薬子（＝吉子）と、その兄の右兵衛督仲成等の多数の公卿や官人達を召しつれまして、畿内近国から雇役の工人を徴発などすることになります。譲位された嵯峨天皇側としては、このようなことに反発をすることとなり、「二所朝廷」といわれるような状況となってしまったわけであります。

弘仁元年（八一〇）九月六日のこと、上皇でありますす平城天皇側が、平城旧京に遷都を命ずるというような時態となりまして、ついに上皇側と嵯峨天皇との対決が厳しいものとなりました。

嵯峨天皇側は、仲成を拘禁し、薬子の官位を解き、広範にわたっての人事の異動を行う等をして対抗いたします。上皇側も兵を率いて伊勢方面に向け行動をおこしましたが、朝廷側はいちはやく坂上田村麻呂に命令して兵を移動させることとなり、上皇はやむなく平城宮に引き返すこととなったのであります。

この変によって、上皇は出家し、薬子、伊予親王は自殺し、兄の仲成は射殺されてしまいました。それに、平城天皇の子であります高岳親王は廃太子され、大伴親王が皇太弟に立てられることとなりました。後の淳和天皇がその方であります。

この変は、およそ三日間で終結をみたのであります。

これによって上皇の系統は、皇位継承からは完全に排除されることとなりました。よって上皇に従属しておられた多くの官人達が、その官位をさげられ、あるいはしりぞけられたりもしました。

この真川等のうごきも、このような状況下でのものであったことがわかります。

ここで少しく前後を整理しておきたいと思います。平城天皇が譲位したのが大同四年（八〇九）四月一日。弘仁元年（八一〇）九月六日に乱がおこり、三日間で終息しましたが、空海は三十六、七歳の時であったことがわかります。問題の書簡は、弘仁七年（八一六）十二月廿七日の記があります。空海はちょうど四十三歳であります。さらに考えを加えてみれば、かの平城上皇は出家をしたのでありましたが、崩御されたのが天長元年（八二四）のことでしたから、実に空海五十一歳のことでありました。

取り上げましたものと同じように、事件に連坐して失官した人のための文があります。「人の官を求むるがための啓」（『性霊集』第四）がそれであります。

ここに興味深い事実があります。先述のように乱がおこったのが弘仁元年九月六日であると申しましたが、そのすぐ直後のこと、すなわち弘仁元年十月二十七日の記のあります

国家の奉為《おんため》に修法せんと請う表　一首

というものがあります。この表から私達は、空海が社会混乱に一石を投じ、その安定化をはかり、修法を修したことがわかります。

沙門空海言《もう》す。空海幸に先帝（桓武天皇）の造雨（めぐみ）に沐して、遠く海西に遊ぶ。儻々《たまたま》灌頂道場に入りて一百余部の金剛乗の法門（真言密教の教え）を授けらるることを得たり。その経はすなわち仏の心肝、国の霊宝なり。—略文—　その将来するところの経法の中に、仁王経、守護国界主経、仏母明王経等の念誦の法門あり、仏、国王のために特にこの経を説きたもう。七難を摧滅し、四時を調和し、国を護り、家を護り、己を安んじ、他を安ん

ず。この道の秘妙の典なり。空海、師の授を得たりといえどもいまだ練行すること能わず。とて、その目的を鮮明にしております。もっぱら、国の、家の、自己の、他の安定を願っての修法であったことがわかります。

さらに、同じ『性霊集』第六には、

「天長皇帝故中務卿親王の為に田及び道場の支具を捨てて橘寺に入るる願文」

というものがあります、「故中務卿親王」とは、伊予親王その人であります。あの乱のなかで薬子と共に自殺をした皇太子の供養のために営まれたもので、淳和天皇が伊予親王の追善のため、法華経を講ぜしめられたものであります。

また、かの乱によって廃太子となりました高岳親王は、空海の弟子となり、真如と改名して、入唐し、さらにインドをめざして途中でなくなってしまう、ということもおこって参ります。

この薬子の乱というものが、いかに空海にとって大きなできごとであったかを考えてみる必要があろうかと思います。

⑶0 王《おう》孝《こう》廉《れん》　渤海国の友人

『高野雑筆集』巻下で、四八に、「渤海国の王孝廉宛　弘仁六年（八一五）正月十九日」という書簡が納められております。まずは、その文章を掲げてみることにしましょう。

信満《のぶみつ》至る。辱《かたじけな》くも一封の書状、及び一章の新詩を枉《まげ》らる。これを翫《なら》び、これを誦し、口手倦《う》まず。面はすなわち胡越なけれども、心は傾蓋《けいがい》なり。一たびは喜び、一たびは懼《おそ》る。喩とすることを知らず。

孟春《もうしゅん》余りに寒し。伏して惟《おもん》みれば、大使、動止万福なりや。伏して承わる、国家の寵遇《ちょうぐう》恒品《こうほん》に百倍すと。慶賀殊に深し。このごろ消息を取らんと欲するに、信満遅く来るによって、交参すること能わず。悚悵《しょうちょう》（失意のこころ）何ぞ言わん。未だ審《いぶか》し、早晩《いっか》発帰すべきや。また先に諮申《ししん》するところの王好等の官品具《つぶさ》に録示《ろくじ》せらる。幸甚幸甚、謹んで信満を遣《つかわ》し上《たてまつ》る、状を奉る、不宣、謹んで状《しる》す。

正月十九日　　西岳沙門空海状《しるし》し上《たてまつ》る

渤海の王大使　閣下

とあるのがそれです。実に立派な手紙ですね。

少しく解説を加えて、理解を助けることにいたしましょう。手紙の調子をそこなわない程度にです。

まず、「信満」とは、人の名で、空海の在俗の弟子の一人で、三上部信満という人物です。空海の使者としてよく登場してくる人ですが、くわしい人物伝は不明であります。どうやら、空海のところに、信満が「一封の書状」と、「一章の新詩」とを持参したようであります。手紙の主は、渤海国の大使王孝廉であるにちがいありません。その手紙と新詩の内容を知るよしもありませんが、空海はいたく喜こんでいる様子がわかります。「これを翫《なら》び、これを誦し、口手倦《う》まず」というわけですから。

そして、私、空海ですが、と、渤海の使者である王大使とは、「面はすなわち胡越なれども、心は傾蓋なり」。すなわち、貴方と私とは、胡国と越国、実際には渤海国と日本国と遠く離れておりますが、「傾蓋」、すなわち心は、道で行きあい車をよせて親しく話りあうほどの友人同志であります。ここに手紙をいただき、一たびは喜こび、その内容を見ては悲しくなり、どのような喩《たとえ》をもってしても、その心を説明しようがありません。

「孟春」とは、初春、一月のことでしょう。「大使」は、王孝廉のこと。「動止」とは、動静、様子のこと。ごきげんいかがでしょうか。「国家」は、日本国でしょう。「寵遇《ちょうぐう》」とは、待遇、あつかいのこと。「恒品」とは、普通の人。待遇が普通の人の百倍にもあたるという。貴方さまの様子を知りたいと思っていたところ、信満が遅れてやってきたために、「交参」とは、お会して話をすること、それができなくなってしまいました。「悚悵《しょうちょう》」とは、失意のこころのことで、残念でございます、ということでありましょう。当方では、大使がいつ頃に本国に帰られるのかを知りません。また、先に「諮申《ししん》」、すなわち朝廷に上申しましたこと、「王好等」は、王孝廉一行のことでしょう。「官品」とは、日本国の位官のこと。「録示」は、発表されたこと。実際に、王孝廉は従三位に叙せられています。「西岳沙門」とは、高雄山寺に住する沙門、ということでありましょう。

さて、ここで渤海国について少しく知識を確認しておきましょう。まず、場所ですが、地図上において指し示しますと、中華人民共和国の東北部、朝鮮民主主義人民共和国（北朝鮮）、旧ソ連（ロシア）の極東部の地域にわたり。昭和七年（一九三二）に建国された「満州国」が、それにあたるということになりましょう。

渤海国が歴史上にあらわれたのが、六九八年とされ、滅亡したのが九二六年、契丹軍の侵攻によってでありました。中国の皇帝は、則天武后や、玄宗の時代であり。日本の天皇は文武から聖武、桓武、嵯峨、清和、醍醐などの時代にわたるようであります。

むろん、前掲の空海の手紙は、嵯峨天皇の時代でありまして、渤海使の第十七回（この数え方には種々の説がある）、渤海王の僖王、朱雀三年（八一四）に派遣された一行であったようで、その渤海国の大使が、この王孝廉なのであります。

日本暦の弘仁五年（八一四）九月に、出雲に到着した渤海使は、年内に入京し、元旦からの儀式、宴会に参列したことでありましょう。空海は、延暦の遣唐使のメンバーの一人として渡唐したのが、八〇四年。おそらく、渤海国からの遣唐使の一人か、あるいは遣唐留学生として唐にあり、長安において、この両者は旧知の間柄であった様で、先の手紙の文面からは、充分に想像しうることでありましょう。

それらのことを傍証するための資料があります。それは、『性霊集』巻第五におさめられております。「藤大使渤海の王子に与うるがための書」であります。文をあげてみましょう。

渤海と日本と地南北に分れ、人天地を阻《へだ》てたり。しかれども隣を善《よ》みし、義を結び、相い貴んで通聘《とうへい》す。往古今来この道あに息《や》まんや。

賀能、恭く朝貢に就て偶然として奉謁す。期せずして会す。常の喜悦にあらず。仲春漸く喧《あたた》かなり。伏して惟れば動止万福ならん。すなわちここに賀能、推してすでに監使を抜って留礙して、再び展《の》ぶることを得ず。惆悵《ちゅうちょう》周旋して誰か腸を断つに堪えんや、今日別《わかれ》を取る。後会期し難し、今、顧恋《これん》の情《こころ》に任《た》えず。謹んで状を奉る。不宣。謹んで状《もう》す

（訳→潮海国と日本国とは、地は南北に分かれ、人は大海にへだてられております。しかしながら、隣国として友好をたもち、道理によって結ばれ、共に尊重しあい、国交を結んでいるのであります。昔より今にいたるまで、この国交の道が止むことがありません。私（賀能、大使藤原葛野麿）は、日本からの使者として、たまたま皇帝陛下に拝謁《はいえつ》の折に、思いかけずにお会することができました。常の喜こびではありません。仲春、ようやく暖かくなってまいりました。ご尊体おすこやかにて、お多幸のことと存じあげます。

ここに、私賀能は、推挙され監察使の役をおおせつかりまして、その役に引き留められ、再びお会してお話することがおぼつかなくなりました。心いたり、ためらい、断腸の思いであります。今日、お別れするわけですが、もはや再会することができないと思います。いまや、恋慕の情《こころ》せつなるものがあります。謹しんで手紙をたてまつります。詳しくは宣べません。謹しみうやまって申し上げます）

この手紙は、遣唐大使藤原葛野麿が、渤海の太子に手紙を送るにあたって、空海がそれを代筆したもののようです。年月は不明でありますが、入唐中のこと、それを大同元年二月十日には、大使は長安城を後にするわけでありますから、その直前ということになりましょう。

この手紙は、大使の代筆とはいえ、空海もその場におられたわけでありまして、あるいは渤海国側に、王孝廉もいたのではないかと想像できるわけであります。

そして、十年後に、日本に渤海国の大使として再会したということではないでしょうか。王孝廉と空海とは、共に留学生として友好を深めあったのか、両国間の役人として接点を持ったのか、いよいよ興味深いものがあります。

王孝廉の詩が、空海もかかわっておられた『文華秀麗集』に三首撰ばれております。その一首をあげてみましょう。

出雲州従《よ》り情《こころ》を書《しる》し　両国の勅使に寄す　一首

南風海路帰思《きし》を速《うなが》し北雁長天旅情を引く　頼《さいわい》に鏘鏘たる双鳳《そうおう》の伴うこと有り　愁《うれ》うること

莫《な》かれ　多日辺亭《へんてい》に住まうことを

この詩文によって、王孝廉等は初夏の頃に出雲国から帰途についたことがわかりますが、遭難事故にあい、新舟を建造することがあり、長期滞在をよぎなくされ、疱瘡の流行によって大使王孝廉以下が次々と病にたおれたようであります。そのことに関係して、空海は、

渤海王の大使孝廉中途にして物故せるを傷む

として、次の詩文をのこされております。

一面の新交聴くに忍びず況んや郷国　故園の情

とあるのがそれです。

唐朝をめざした渤海国の王孝廉、そして日本国の僧空海。それら両国が「隣を善みし、義を結び、相い貴んで通聘《とうへい》（国交を結ぶ）」ということを、共に心に誓った、両者の肝胆相照らす底の友情をみるのであります。

あとがき

川崎大師平間寺の教化誌『川崎大師だより』に、「弘法大師が出会った人々」、第一回阿刀大足、を投稿しましたのは、昭和五十七年三月一日（三五八号）で、その後、年に二回のペースで、平成十二年五月一日（四七〇号）にいたるまで、三十人の人物を撰び紹介して参りました。この連載は、まだ続けてゆくつもりでありますが、ここに三十人をもって一つの区切りとし、上梓することにいたしました。

ここに登場する人々の選定については、まったくアトランダムでありまして、大師のご生涯の進行にあわせてならべたものではありません。

私は、すでに、『弘法大師の教えと生涯』（ノンブル社一九八五年刊）を刊行しておりますが、本書は、それとたがいに補いあう、もう一つの大師伝のつもりであります。そして、それは同時に大師の書簡を集めた『性霊集』研究の一つの成果であると考えております。

本書の刊行については、川崎大師平間寺のご許可をいただき、さらに、出版を快くお引受いただきました山喜房佛書林主人、浅地康平氏のご協力と、友人の示唆によるものであります。いまだ途中の感をぬぐいきれませんが、好機をいただいたので、おもいきって形にしてみようと思いたったのであります。私の念願どおり、少しでも弘法大師の世界を人びとに知っていただきたいとの思い以外の何ものでもありません。

地味な内容に、一点の花の序文を添えていただいた畏友小山榮雅師に甚深なる感謝を申し上げます。また、筑摩書房の平賀孝男氏には種々なるご助言をいただきましたこと。さらには校正、索引作成に助力をいただいた大正大学人問学部仏教学科副手岸本守正君にも感謝を申し上げます。

最後に、本書は、弘法大師に出会ったかぎりない人びとへのメッセージとなれば、望外の幸であります。

平成十三年四月吉日

於　摩尼山房　福田亮成　識

索　引

【あ行】

【か行】

【さ行】

【た行】

【な行】

【は行】

福田亮成 RYOSEI FUKUDA 略歴

昭和12年、東京に生まれる。東洋大学文学部仏教学科卒業

現　在　大正大学人間学部教授、智山伝法院院長、文学博士
真言宗智山派成就院住職

著　書　理趣経の研究、弘法大師の教えと生涯、現代語訳般若心経秘鍵、興教大師覚鑁上人入門、解説舎利和讃、曼荼羅入門、現代語訳秘蔵宝鑰、現代語訳即身成仏義　空海思想の探究、空海要語辞典全3巻他

現住所　東京都台東区東上野3-32-15　成就院

弘法大師が出会った人々

2001年6月15日　印刷
2001年6月25日　発行

著　者　福　田　亮　成
発行者　浅　地　康　平
印刷者　小　林　裕　生

発行所　株式会社山喜房佛書林
〒113-0033　東京都文京区本郷5-28-5
☎03-3811-5361　FAX03-3815-5554

ISBN4-7963-0298-0　C1015